We read the world

第三次启程
THE THIRD JOURNEY

單讀
One-way Street
38

吴琦 主编

上海文艺出版社

出品人	许知远　于威　张帆
主编	吴琦
执行主编	何珊珊
编辑	蔡芷芩
设计装帧	李政坷
特约编辑	罗丹妮
英文编辑	Allen Young
荣誉出版人	昕骐　　　钟平　　　李诗凝 LUANYING　牛晏杰　陈潇 尹亭　　　夏俊

本辑《单读》"旅行"栏目中的《铁锈城市》《得州小镇青年》《天井里的旋涡：纪录片 *Out of Place* 的内外故事》，以及别册《一次横穿1868年岩层的成像》均获得单向街基金会"水手计划"支持。"水手计划"致力于资助青年创作者的田野调查与文学和艺术创作。联系方式：foundation@owspace.com。

编者按

"水手计划"是单向街基金会发起的文学公益活动。通过资助青年创作者进行海外旅行和探索中国，实现一种新的互动交流的可能，在让汉语读者了解世界的同时，也帮助海外读者重新认识中国。

第一届及第二届"水手计划"分别于2018年和2020年启程，共选出柏琳、冯孟婕、郭爽、刘子超、曾嘉慧、陈柏麒和陈坚杭、郭玉洁、卢昌婷、吕晓宇、朱英豪等十组"水手"奔赴世界各地，2023年的第三届"水手"则首次增加到八位，分别是陈荣钢、陈荣辉、丁海笑、黎衡、林雪虹、钱佳楠、芮兰馨、吴皓。本辑《单读》汇编了第二届、第三届部分"水手"的作品，也向"老水手"柏琳、刘子超邀约了他们持续旅行的新作。这些重新上路的当代中国新一代作家对远方的热望，共同构成了继《走出孤岛》《当我们重返世界》之后的——《第三次启程》。

旅 行

- 003 铁锈城市   钱佳楠
- 069 得州小镇青年   卢昌婷
- 137 巴尔干乡居日记   柏琳
- 165 斯雷布雷尼察：漫长的阴影   刘子超
- 199 天井里的旋涡：纪录片 Out of Place 的内外故事   陈柏麒　陈坚杭

随 笔

- 231 西班牙来信——1965 年开年之际，我们的文学还在旧年夜   海梅·吉尔·德·别德马

诗 歌

- 247 看青芒从树上掉下来   何小竹

△ 旅行

003　铁锈城市

钱佳楠

069　得州小镇青年

卢昌婷

137　巴尔干乡居日记

柏琳

165　斯雷布雷尼察：漫长的阴影

刘子超

199　天井里的旋涡：
　　　纪录片 *Out of Place* 的内外故事

陈柏麒　陈坚杭

铁锈城市

撰文 钱佳楠

引子

申请"水手计划"的时候,我想到的是千禧年前后我在上海的童年。

我的父母出生在20世纪50年代末,和老三届的兄姊相比,他们幸运地躲过了"上山下乡"的命运,但他们同时又是不幸的。听家人说,我父亲年轻时读书很好,且极具语言天赋,他跟着广播自学日语、法语,可以接到给外国游客做导游的活儿。家人常说,父亲这辈子错过的最大良机是去念大学。我不知道他们的描述是否有夸张的成分,说父亲有保送上海外国语大学的机会,还说他的高中老师上门来求我的祖父,要祖父允许父亲去读书。

很长时间以来,我一直想不通向来主张读书的祖父为何会不答应,后来才晓得是父亲自己不肯。他的长兄(我的大伯)去云南插队,一去就是十年。他不愿离开上海,对当时的毕业分配充满恐惧，因而宁愿选择成为一名产业工人，这也是当时的时代主流。

我长在曹杨新村，这是全中国第一个工人新村，我一直不太清楚父亲到底在什么单位工作，原因有二。一是我只去过母亲供职的纺织厂，去日托班，去洗澡，为了省钱还去找厂医拆线。二是我的父亲很早就下岗，因为没有专业技术，所以他和同时代大多数下岗工人一样成了小区保安，拿着最低工资。也许母亲内心深处是嫌鄙他的，好几次我问起父亲到底在哪里看门，母亲说她自己也不清楚。

到了初中快毕业的时候，母亲所在的纺织厂也不行了。她曾有过一段风光的日子，去郊区新开的纺织厂给私人老板打工，职位是"副厂长"。但没几年，她就查出脑膜瘤，所幸治疗及时，和鬼门关擦肩而过。

这些往事我曾写进小说。我的大学老师杨乃乔教授是北京人，曾在工厂工作过，目睹过昔日厂里的同事经济转型后在街头卖包子。他常感叹说："可惜你没有生在东北，如果你生在东北，你的笔下会有惊心动魄的事件，是各种想也想不到的戏剧现实。"

我去过东北行走，也专门采访过长在东北的同龄人，听到过不少类似后来出现在电影《白日焰火》里的故事，如果你知道新中国成立初期东北曾经的特殊地位，会明白这种没落不仅是生活上的困顿，更是对人的尊严的蚕食。

相比之下，上海的故事显得平淡，我也深知自己的幸运，毕竟有上海户口，摆脱贫穷的挣扎远比其他人容易。

七年前来美国留学，正值特朗普上任，"铁锈地带"重新成为热门的政治议题，感到重获关注的人们在家门口竖起大尺寸的美国国旗，他们中的很多人责怪的是"全球化"，是"中国制造"。

我感到我们缺失的是把产业转型放到全球语境里考量，这是一个共性事件，而非独立事件。我想去美国的后工业城市走一走，不仅走访一蹶不振的纽约上州和底特律，也前往仍是东岸第二大城市的费城。

第一站：费城——理想之城

我的博士班里有两位来自费城的同学，一位写小说，一位写非虚构。小说家麦克把所有故事设定在费城，有19世纪末基督复临安息日会的传教士来到这里建立门户，有20世纪初爱尔兰移民来此安身立命，也有当代的年轻人如何面对一座"整日哭泣"的老房子。读这些小说，简直是在读写给这座城市的情书。

非虚构作家卢卡斯听说我要去费城，即刻打电话给他的岳父岳母。"他们经常让朋友的朋友们来家里住，"卢卡斯给我解释，"别客气，他们会是你了解费城最好的窗口。"

就这样，我下了飞机，直接打车到乔和罗瑞所在的费城西区，已经入夜，轿车经过黑灯瞎火的街道，忽然一拐，停在了两边房子都被节日彩灯点亮的小巷。

下车后，我认真核对门牌号，门口的"黑人的命也是命"（Black Lives Matter）贴纸似乎也在提示我地址无误。

1

纽约最有活力的街区在费城。[1]

——电影《纽约唯一活着的男孩》
（*The Only Living Boy in New York*）

罗瑞和乔确实是我能够拥有的最佳向导。罗瑞是宾夕法尼亚州立大学的历史学教授，乔自诩为"经济理疗师"（economic therapist），他帮助陷入困境的企业找到复兴的方案。他俩是20世纪60年代在纽约曼哈顿长大的犹太裔，已经在费城住了近四十年。

"如今的纽约贵到离谱，"他们说，"费城比现在的纽约更接近我们熟悉的家乡：多元，有活力，还有点乱。"

但你也可以说他们并非理想的向导，因为他俩，我对

---

[1] 原文为"New York City's most vibrant neighborhood (at the moment) is Philadelphia."。

费城几乎难有负面的印象。

他们的房子有三层楼，一楼是明亮整洁的客厅、餐厅和厨房，客厅的壁炉架上摆满了镶好框的家庭合影，一旁的茶几有罗瑞收集的鸟类木雕，她每去一个地方，都会带回一只当地的鸟类木雕作为纪念。乔已经帮我把行李箱拎到二楼的客房，也是卢卡斯妻子婚前的闺房，我还没见到凯特，但已经能想见我们一定聊得来，她的墙上挂有费城老工业区的摄影作品，书架上满是各种公共政策研究的书籍。

回到餐厅，乔和罗瑞已经准备好简单的晚餐：蔬菜色拉、皮塔饼、鹰嘴豆泥以及印度咖喱三角包。给我钥匙的时候，罗瑞解释道："我们家类似于公社。冰箱里任何食物都可以随便拿，不用打招呼。"

或许是担心我客气，罗瑞还补充说："有一次，卢卡斯跟一个朋友在外面待得晚了，饭店已经关门，他就跟朋友说，我们去我岳父母家，他们的冰箱里一定有吃的。"

我反复告诫自己，我只是到了一户特别好的人家，这家人可以存在于美国的任何城市或者小镇，与费城无关。但即便如此，对于罗瑞和乔的好印象像滤镜一样延展到我眼中的费城。

第二天一早，我就听见罗瑞在自家的门廊上跟来往的邻居打招呼。在作家雪莉·杰克逊（Shirley Jackson）笔下，这种小镇景象近乎愚蠢，这么多时间都被浪费在重复的"某某某，早上好"上。但可能是在人与人之间边界感森严的洛杉矶住久了，听到这些"早上好"我深受触动。我也端着咖啡，坐到门廊的藤椅上，隔壁年轻的邻居戴着头盔、护肘、护膝，准备骑车去上班，罗瑞赶紧介绍我们认识，不一会儿，斜对面的鲍勃出门遛狗，罗瑞也向他介绍了我，还告诉我，万一忘记带钥匙，就去敲他们家的门，他们有备用钥匙。

前一晚出机场时已经晚了，此刻我才看清费城的模样。有好多树，松鼠像忍者一般从树梢跳到对面的人家，飞檐走壁。很快，我从当地朋友口中得知，假如你在城里买房子，市政府会免费送你一棵树，希望你栽在自家后院。

这座城最典型的房子是"费城联排别墅"（Philadelphia rowhouses），罗瑞和乔所在的街区便是。具体的房子大小和款式在各个区都不一样。说是别墅，更像是童话般的小型古堡，有着糖果般的色泽，都是动辄百年的老屋。"联排"意味着你家所在的房子和左邻右舍相连，很多时候你们甚至分享同一个门廊，只在当中有隔断。在我看来，这种联排别墅也迫使人们必须和街坊邻里和睦相处。

罗瑞给了我一些简单的指引，出门向左边走，拐到巴尔的摩大道（Baltimore Ave）上就有有轨电车，如果看到街区的数字变小就意味着在往东走，中心城区在东边。

费城的城市面积不大，还不到洛杉矶或纽约的三分之一。我没有搭车，而是顺着铁轨一路往东走。那天恰逢周六，沿街有零星的旧书摊，与陌生人擦肩而过时大家都习惯相互微笑问好。我不一会儿就走到了隔开西区和中心城区的斯库基尔河（Schuylkill River），跨过桥，城市更壮观了，满是历史建筑和蓝底黄字的说明牌，不知不觉就来到了市政厅。费城拥有全美最大的市政厅，这座城的奠基人威廉·佩恩（William Penn）的雕塑被置于大楼的最顶端。威廉·佩恩是基督教贵格会（Quaker）成员，该派别在当时的欧洲遭到驱逐和监禁。"费城"（Philadelphia）的古希腊语词根意为"兄弟般的爱"——philos指爱，adelphos指兄弟般的，也源自贵格会的理念：非暴力，信仰自由，人人友爱平等。

市府厅本身就是重要的观光地标，门口大字标明里面有公共厕所。大楼前的广场有喷泉和座椅，还有临时搭建的球场和稻草迷宫，供市民游玩。往一旁绕一个大圈，就可以去到各个历史古迹、名人故居以及博物馆。路上行人很多，不少是游客，也有扛着专业设备的摄影师。顺着一位摄影师的镜头，我看到摩天大厦玻璃幕墙上映出的老建筑——玻璃幕墙似乎无限延伸了富于装饰的古老建筑，让摩天大楼不显呆板；另一方面，摩天大楼折射出的斑驳阳光也给古老的建筑增加了动感。

逛完市中心,我仍意犹未尽,又一路走了回去。当天晚上,我见到了卢卡斯的妻子凯特。她晒得黝黑的皮肤、大耳环、粗眉和翘眼尾的妆容都令她看起来像拉美姑娘,卢卡斯的父母是秘鲁移民,我也知道他俩曾一同去巴西旅居一年。凯特是维权律师,还在用业余时间筹资拍纪录片。宾夕法尼亚州有着全美严苛程度居上的少年司法制度,凯特纪录片中的主角,十五岁时跟随"哥们"去抢劫,负责开车的他被判了二十二年监禁,不许保释,等刑满释放的时候早已过了而立之年。

"想象一下,"凯特说,"他没有真正去抢劫,但他的整个青春都在监狱里度过。"

我们吃饭的地方就在罗瑞和乔家附近的主街上,是家简朴的埃塞俄比亚餐馆,已经开了很多年,凯特高中时期也曾在此打工。穿着格子西装、戴着黑框眼镜的老板亲自过来和我们打招呼。我看着周围的食客,有像我们这样边吃边聊严肃话题的,也有一边看球一边叫喊的埃塞俄比亚移民,还有染着各色头发、戴鼻环、装扮嬉皮的年轻人,大概可以窥见社区居民的构成。

饭后,他们陪我走回去,看到整条街亮起的节日彩灯(灯泡需要所有街坊协同在自家房檐上串起来),卢卡斯不禁问我:"你不觉得这条街棒极了吗?"

我连连点头。

我看到的是理想情况下美国老城区的规划。今天的我们都以为美国城市就是为汽车设计的，其实不然。美国的诸多大城，包括底特律和洛杉矶，都曾在贯通城市东西或南北的主街上通有轨电车，主街是商业街，也是凝聚全城各地居民的公共空间。但在1938年至1950年期间，通用汽车（General Motors）、凡士通轮胎（Firestone Tire）、标准石油公司（Standard Oil of California）等大厂商以投资的名义控制了全美二十五座大城市的有轨电车线路。1949年，这些大厂商被控垄断销售公交车、燃油以及其他产品给全国城市公交公司，但垄断公交产业的罪名没有成立。尽管如此，美国坊间的传言并未消停：这些公司为了维持在汽车产业的垄断地位，妨碍了有轨电车向公交线路的转换，催生了很多城市没车寸步难行的局面。费城是仍然保有有轨电车以及良好公共交通的少数幸存城市之一。

有没有便利的公共交通和行人对城市影响深远。或许因为罗瑞和乔提到了曼哈顿的童年，费城——尤其是他俩所在的街区——让我想到简·雅各布斯（Jane Jacobs）在其名作《美国大城市的死与生》（*The Death and Life of Great American Cities*）中动情描写的20世纪60年代的纽约格林尼治村：大家把备用钥匙留在街口的熟食店；糖果店的店主夫妇会教育年轻人不要吸烟，借雨伞或零钱给客人应急，告诉来租房的陌生人这里的平均房租是多少——街区的居民在类似的店家自由出入,很自然地和邻居们熟悉起来。

在雅各布斯看来,一条城市街道要想应付陌生人,在陌生人多的时候能确保安全,必须具备以下三个条件:

一,公共空间与私人空间之间必须要界线分明。

二,必须要有一些眼睛盯着街道,这些眼睛属于街道的天然居住者。

三,人行道上必须总有行人,这样既可以增添看着街面的眼睛的数量,也可以吸引更多的人从楼里往街上看。没有人会喜欢坐在门廊里或从窗子里往外看空荡荡的大街。[1]

等后一天早上起来,又听见罗瑞在门廊上和来往的邻居问好。我忽然发现,罗瑞就是这条街的眼睛。

2

没有人愿意接他的案子……除非有人愿意挑战这个体制。[2]
——电影《费城故事》(*Philadelphia*)

---

[1] 参见 [加拿大] 简·雅各布斯:《美国大城市的死与生》,金衡山译,译林出版社,2020年。
[2] 原文为"No one would take on his case...until one man was willing to take on the system."。

我多想告诉你,这条街就是费城的缩影。我多想告诉你,即便在三个半世纪之后,这座城仍然践行着贵格会的理想。但在现实中,这条街可能是特例而非常态,费城的建城理想常被辜负。

少有美国人认为费城是一座铁锈城市(近些年来,这座城的旅游业和生物医药都表现得很抢眼),但我选择从这里开始旅程有着自己的理由。很长一段日子里,我经常浏览一个叫"被遗弃的美国"(Abandoned America)的摄影网站,该网站收录的工厂在费城的最多。按实际数量来看,费城的废弃工厂不一定多过纽约上州的城市或底特律,但是受摄影师垂青的是费城废弃工厂的多样化:在鼎盛时期,费城不仅有大规模的发电厂、钢铁厂、船厂,更有一众中小规模的手工作坊,制毛毯、编绳、做纽扣、造家具等等。在《费城:昔日的世界工厂》(*Workshop of the World: Philadelphia*)里,罗格斯大学(Rutgers University)的历史系教授菲利普·斯克兰顿(Philip Scranton)考据了费城各区的工业历史,提出了一个重要的问题:费城的工业多样化究竟是阻止了它像底特律那样轰然垮塌,还是让这座城的衰弱变得旷日持久、难以觉察?

截至2020年底,费城是全美第六大城市,要是看到费城的面积远远小于美国大城市榜上的其他城市,会发现这样的人口规模仍然不小。如观察2000年以来的数据,会看到费城的人口在缓步回升，但吸引外来人口的速率远低于榜上的其他城市。

在不少人眼里，费城等同于"危险"。在排名前十的城市之中，费城的犯罪率（尤其是暴力犯罪）以及贫困率都长期位居前列。

听闻我所住的位置，一个十年前在宾夕法尼亚大学念书的朋友好心奉劝："小心点，你那个位置已经很危险了！"

罗瑞也告诉我，二十年前，有个来自瑞典的宾大访问学者租住在这条街附近，宾大的校领导得知后，愿意帮她赔付押金，要她尽快搬离。

近四十年前，也就是罗瑞和乔搬到这栋房子居住的那年，就在往西去的十条街之外，发生了震惊全美的费城警方炮轰MOVE房屋事件。

1981年，非裔美国人激进环保组织MOVE买下了这里联排别墅中的一栋。按照创始人约翰·阿非利加（John Africa）的解释：该组织的成员必须保持动态的生活方式，因为一切生命形式都是动态的，如果停止运动，则会僵滞、死亡。

在MOVE成员眼里，他们践行的是一种宗教理念，因为反对医学、科学、技术等一切建制，他们不让孩子上学，而是让其从小帮忙干农活，吃生食，衣不蔽体。他们在楼顶建碉堡，安置高音喇叭，长时间播报自己的政治理念，其中不乏脏话。

1985年5月13日，近五百名警力包围MOVE所在的房子，并要求附近街道的居民撤离。警方先是切断水电，而后播报说："这里是美国，你们必须遵守美国的法律。"长时间的对峙之后，警方开始使用催泪瓦斯，而后MOVE成员开枪回击，双方爆发枪战。最终，费城警察局局长下令轰炸，于是，费城副警监在一架属于宾州州警的直升机上投下了两颗炸弹，消防员看着炸弹引发的大火熊熊燃烧，却无动于衷。最终，这一事件不仅造成了MOVE的十一名成员（包括五名儿童）死亡，还烧毁了整条街以及附近街道的共61间房屋。

2013年的纪录片《让烈火燃烧》(Let the Fire Burn)调用当年的庭审记录和新闻资料，回顾了这一历史事件。看纪录片的时候，我的心情很复杂。我先是想象自己是MOVE成员的邻居，天天听着这些噪音，闻到用作肥料的人类粪便。接到警方命令撤离时，大多为非裔的邻居在惊慌之余感到高兴，政府终于下手解决这个顽疾了，然而，他们怎么也想不到，自己即将无家可归。

助长政府暴力的可能是深重的种族歧视。很多费城人至今还觉得是自己的市长下令轰炸房子，但庭审记录表明：炸弹引发了大火时，市长给警察局局长打电话，要求他"灭掉这该死的火",警察局局长没有传令,导致消防局局长说"我从没有接到过任何命令"。这些行政长官中,只有市长是非裔。

我不禁想,倘若事件发生在白人为主的居住区里,政府会不会任由大火燃烧?很多事情错综复杂,孰因孰果,难以分辨。倘若是以白人为主的社区,MOVE可能一开始就买不起房,或者因为各种明里暗里的购房限制,无法购买。而从小经历双重标准,又促使这批成员更容易为激进理念鼓动。

周二早晨,我说起想去昔日的MOVE住址看一看,罗瑞加入了我的行程。其实,附近的大部分片区我已经暗自走过。这里是以非裔为主的劳工社区,但凡是偏离通有轨电车的主街,就是一幅萧条的景象。原本应当凝结居民区的商业街没有大超市,更没有咖啡馆,只有小型便利店(liquor store),不少商铺已经打烊歇业,不是铁链门紧锁,就是用木板把一楼和两楼都封得严严实实,偶尔有大型的自助洗衣店以及老式的中式快餐店。

路上很荒凉,草坪上偶有遗弃的食品包装袋,行人很少,罗瑞和我显得"形迹可疑",我有种回到了无人行走的洛杉矶的感觉。但这毕竟是费城,居民区仍然是成排的联排别墅,房子比罗瑞和乔的那条街的要小,是典型的两居室家庭房,色泽绚丽,美得像童话。但这里的门廊空空如也，没有眼睛在"守望"街道。

"别光看表面，"罗瑞提醒我，"费城很多穷人都拥有房产，但你不知道房子里面破成什么样子。"

行道树首先揭秘哪些是四十年前被烧毁后重建的房子，虽是联排别墅，但样子更像郊区的新房，缺乏个性的雕琢和装饰，不知是不是巧合，这些房子没有门廊。

"这里应该竖一块历史标牌。"罗瑞说。

从数据上看，如今费城最危险的社区多在北部。卢卡斯和凯特购置的新房在"德国城"（Germantown），来费城前同学麦克跟我聊起这一点，表情有些复杂："这个区可能有时候会有点乱。"

从地图上看，"德国城"正好毗邻几个暴力案件高发地带，包括奈斯镇（Nicetown）和亨廷公园（Hunting Park），犯罪率和贫困息息相关——费城北部也是早前大工厂的所在地，从三十街的火车站搭城际列车去卢卡斯和凯特的家，会一路经过废弃的厂房。

接到卢卡斯和凯特的晚饭邀请，我原本也打算坐火车去，可惜晚到了一点，一小时一班的城际列车正好开走。卢卡斯索性驱车来接我，顺便为我"补足"这些声名狼藉的街道：肯辛顿（Kensington）的"丧尸街"，人群聚集，公开注射毒品；费尔希尔（Fairhill）沿街的店铺也都铁链门紧锁，不少窗户已经被封死，甚至被刷成墙面的颜色；

而后是奈斯镇，主干道沿街的很多建筑二楼窗户也是封死的。到了"德国城"，似乎又回到了岁月静好的感觉。

我问卢卡斯为什么在"德国城"买房子。

"便宜呀，"他半开玩笑地说，"我带你去一个地方，你会知道我们为什么喜欢这里。"

我们去的是一个社区超市，有点像中国的菜市场加干货店，东西的摆放比较随意。收银员全是戴黑色头巾的非裔姑娘。

"这家超市为难民提供工作。"出来时，卢卡斯解释说。

"我想换个街区住住，"晚餐时凯特说，"这儿多元，有点乱，一切还没定型，很像我小时候的费城西区。"

3

我不想留在一个没人相信希望、爱情或幸福结局的地方。[1]
——《乌云背后的幸福线》(*Silver Linings Playbook*)

在我抵达费城的前一天，费城连续两晚发生了有组织抢劫，手持斧头、身着连帽衫的歹徒闯入多个区域的

---

[1] 原文为"I don't want to stay in the bad place, where no one believes in silver linings or love or happy endings."。

Apple店、服装店、运动鞋店，连国内的母亲也看到了新闻，转发给我表示担心。事件直接的导火索是费城警员马克·戴尔（Mark Dial）在执行职务时枪杀了当时还坐在车内的埃迪·伊里萨里（Eddie Irizarry），两人都是二十七岁，如果仅从肤色上看，又是一起白人警员枪杀黑人平民的事件。

费城地方法官宣布马克·戴尔无须面对任何指控的当晚，系列劫店案发生了。但是警方很快也宣布，劫店的人没有一个之前参加过对判决结果的公开抗议。

一方面，我目睹着美国城市里似乎无解的种族、阶层之间的矛盾，以及矛盾带来的无休无止的动乱；另一方面，我每天走在费城的街头，又被大家声援唐人街的行为所感动。自从费城76人队宣布要在华埠牌楼附近建大型篮球馆，费城民间的社会团体就一直在游行抗议。我刚到费城的次日正好是中秋节，无心走进唐人街的我看到大家借着庆祝活动，穿着写有"不要篮球场"的T恤表达不满，不仅华埠的商铺窗口贴着"不要篮球场"的标语，远到西区，靠近MOVE原址的中式快餐店也贴有一样的标语，甚至当卢卡斯带我去肯辛顿西区，探访由废弃马桶厂改造的艺术中心时，那里也有声援唐人街的标语和呼声。

罗瑞受到邀请去参加保护唐人街的筹资活动，她问我愿不愿意同去，可惜那天我要离开费城去纽约了。

我不知道费城华埠最后的命运,但我所在的一周里,这座独特的"有着街坊情谊的大城市"(a big city with a small town vibe)时时感动着我。

乔最近的工作是"拯救"一家已经传到家族第四代的皮鞋工坊。罗瑞并不看好他的项目,因为这家工坊专门制作给小孩子穿的皮鞋。

"都是手工做的,"罗瑞说,"特别漂亮,而且用的皮革质量也好。但是,现在谁还会给小孩买这么贵的鞋子?"

乔没有透露具体的"治疗"方案,只是说现在费城附近很多企业都面临同样的问题:消费观念已经更迭。

在宾大教授沃尔特·利希特(Walter Licht)为"费城百科"(The Encyclopedia of Greater Philadelphia)网站撰写的"世界工厂"(Workshop of the World)条目里,他指出:费城制造业衰落最重要的原因不在于大型企业的并购,金融家的买卖行为,也不是来自海外企业的竞争或当地企业去别处寻找更低廉的劳力等等,费城的大多数制造业关门歇业是由于消费观念的转移,人们更愿意购买合成革而非手工皮革,男士们不再戴毡帽,手工编织的毛毯被机器纺织的所淘汰……

罗瑞和乔所在的街区居民还在"拯救"一家面包店。由社区成员共同拥有的合作社超市因为成本上涨而提高租金,导致这家面包店无力维系。离开费城的前一晚,我跟着乔去参加了居民们的讨论会。来的人有六七十个，挤满了社区中心的会议室，深肤色和浅肤色的人各占一半。白天在社区中心供职的女士一边主持，一边用油性笔在白板上记下大家发言的要点。讨论的过程很像辩论会，掐时间，说要点，而后更换到下一个人。第一轮是收集想法，中间茶歇（门口有可乐和薯片），下一轮则是落实方案。

之前在凯特家吃饭的时候，凯特也提起，这家面包店已经开了多年，烘焙的面包不仅好吃，而且价格亲民。

同样地，我不知道这样的"营救"最终会不会迎来理想的结果，但社区就是在这样的集体营救中建立起来的，面包店可能会倒，但是社区情谊会更坚固。

有一天，罗瑞的邻居瑞秋来借洗衣液，我再次感叹"像这个街区一样的邻里关系不多见"。瑞秋告诉我："这是我们所有人努力了至少二十年的结果。"

我知道，我看到的并不代表费城。那么，我看到的到底是什么呢？

在费城的那个周日，我去市中心参加了贵格会的集会。不止一次，曾有信仰基督教的朋友说我像贵格会信徒，我不懂这话是什么意思，但当我得知贵格会崇尚简朴，而且还在废奴、女权以及反战等社会运动中发挥重要作用时，我把朋友的话当成赞美。

我没有宗教信仰，这也是我第一次走进贵格会的会堂。

集会没有主持,大家静默无语,只有当圣灵触动你的时候,你才起身发言。整整四十分钟,整屋的人(大概五十来人)和在线参加会议的人都一言不发,我努力不让自己眼皮合上。而后,一位成员突然打破了沉默:

"最大的罪恶不是我们对彼此做的坏事,而是那些起初看起来无伤大雅的疏忽。"

"比起始终喜欢一个人而言,爱是简单的。"

……

最后一位被触动的成员如此说道:

"在方才的沉默中,一只蜘蛛在我面前织出了一张美丽的网,我由此感受到了常被忽视的神迹。"

第二站:与历史和解 —— 纽约上州印象记

我有一头骡子,她叫萨尔
在伊利运河上走了十五年
她很能干,是我的好伙伴
在伊利运河上走了十五年

我们的驳船满载着
木材、煤炭和干草
从奥尔巴尼到布法罗

每一英里我们都熟悉

低桥，每个人都低下头
低桥，我们快要进城了
如果你曾经过伊利运河
你会熟悉你的每一个邻居
你会熟悉你的每一个伙伴

……

——美国民谣《伊利运河》（"Erie Canal"）

1

作曲家托马斯·S. 艾伦（Thomas S. Allen）1905年发表这首民谣的时候，曲子的原名叫"低桥，每个人都低下头"（"Low Bridge, Everybody Down"）。那是一个完全不同的年代。当时的伊利运河旁有纤道，歌曲中的"我"和骡子在纤道上拖着驳船徐徐前行。低桥标志着熙攘的城镇，坐在驳船上的人必须低头，不然会被桥梁撞到。如果顺着民谣唱下去，"我"会感叹自己和萨尔得找新工作了，此处暗示蒸汽船正在取代纤夫和骡子，而那些低桥很快也会被升降桥和开合桥取代。

然而，这不是伊利运河沿岸城市的末日，事实上，蒸汽船和铁路会见证伊利运河最辉煌的年代。因为运输的便利以及丰富的水能，奥尔巴尼（Albany）、雪城（Syracuse）、罗切斯特（Rochester）以及布法罗（Buffalo）都曾是纽约上州的工业重镇。

习惯手机和互联网的人已经很难想象没有飞机的年代，更别提驳船要靠纤夫和骡子拖拽的时代，正如这首歌传着传着，"十五年"就被误唱成了"十五英里"，也不用计较，因为伊利运河多已被铁路取代，残余的部分仅供休闲娱乐。

和很多人一样，我逗留的原因只不过是乘火车从纽约直接去底特律时间太长，需要一个中转站休息一晚。起先，我选择的是罗切斯特，柯达公司的总部所在地。而后，在布法罗长大的同学约书亚写邮件给我：

"你必须去布法罗！布法罗才能让你看到纽约上州的历史、现在和未来。"

如今想来，更改行程是我做出的最明智的决定，我应当在更多地方下车。火车离开纽约后沿着哈德孙河（Hudson River）一路北上，沿途宜人的乡村景致在奥尔巴尼中断。列车长宣告，火车会在这里停二十分钟加油，期间火车的电源会切断，网络也会中断。我下到站台竭力眺望，只能看到大方盒子一样的高楼,不知是不是市中心的所在。回到车上,开始闻到厕所里传出的恶臭,我戴上口罩,只盼着火车快点驶离。从奥尔巴尼开始,火车往西开,天气也愈加阴沉起来,陆续看到很多破败的厂房。火车经停雪城的时候很仓促,我赶紧拍下空荡的车站,连站牌都没拍到。把照片发给曾在雪城念书的朋友,她答道:

"一看就知道是雪城,一副被人遗忘的样子。"

很可惜,臭烘烘的奥尔巴尼和空空如也的雪城,成了我对这两座城的唯一印象。

2

傍晚时分,火车抵达罗切斯特。不知为何,我以为罗切斯特火车站应该会和密苏里州城市圣路易斯(St. Louis)的差不多,大厅里有简餐,就算没有,火车站如此中心的位置,外面肯定有。结果,罗切斯特火车站小得可怜,候车厅里只有两台自动贩售机,墙上的黑白照片纪念着火车站昔日的枢纽位置。

走出火车站,目力所及只能看到马路和高架。天空飘起冷雨,严重低估纽约上州气温的我赶紧打车,我订的民宿在梅普尔伍德(Maplewood)历史街区,整洁的街道,修葺平整的草坪,一栋栋独立的大房子。一看就知道,这是富人区。打车来的途中没看到餐馆，外面还在下雨，而且天色已深。民宿老板似乎已经预料到这种情况，房里不仅有矿泉水，还有好几包速冲麦片、坚果和夹心饼干。这些零食成了我当天的晚餐。

我只在罗切斯特逗留两天，得赶紧去看柯达。第二天是阴天，我一早出门，发现自己只要沿着杰纳西河（Genesee River）一直走，一个小时左右，就可以抵达柯达大楼所在的高瀑布区（High Falls）。

我在主路上走，汽车在我身旁呼啸而过，路上也没什么人，偶尔有一两个看起来像流浪汉的人。沿街的老房子很漂亮，只是大多数的店家都不开门。我又一次失算，以为自己总能找到一家非连锁快餐厅的店，结果只有麦当劳、唐恩都乐（Dunkin' Donuts）和温蒂汉堡（Wendy's Kitchen），连星巴克也没有。这就是一条普通的公路，没什么看头，幸好远远地就望见柯达大厦了，不会错，因为金色的"柯达"字样醒目地立在高处。这栋楼更像平地上突然竖起的一座灯塔，很突兀，孤零零的，没有同伴。

这一区萧条得可怕，历史建筑很宏伟，然而不是被遗弃，就是在招租。市政府很有心地在一些红砖建筑的外墙附上镶框的历史说明，还写着这是"徒步游"的第几站，但除了我之外，看不到游人。幸而这一区在修路，有不少建筑工人在干活儿，我才感到安全。

我是真的饿了,想找地方吃饭,连去了好几家谷歌地图说开着的餐馆,结果它们不仅关门,而且整个店铺里都堆满杂物。我猜测疫情在加速摧毁一切。最后,终于找到一家还在营业的美式快餐店,开在一栋办公楼的底层,似乎是这一层唯一营业的商铺,有十来个顾客,多是大块头的中年男人。我怕晚上回去又没吃的,于是要了一个三明治,再要了一份色拉。美国人的三明治尺寸很大,收银员疑惑地看着我,我补充道:"色拉要带走。"

他操着浓重的纽约上州口音,每个元音都像被擀面杖擀过。他对一只迷你麦克风喊道:"我这儿有个全尺寸的烤牛肉三明治,还有一份凯撒色拉。色拉待会儿要旅行(will be traveling)。"我这个外人被逗乐了,但收银员面无表情,店里的其他人也都习以为常,边吃边抬头看电视里的球赛回放。

我在罗切斯特犯了一个错误:我对一位优步司机说,我是专程来看柯达的。方才还拿天气开玩笑的他忽然沉默,再也没有说话。

同样的事情还发生在民宿附近的超市里,收银员小伙儿听到我是自己一个人特地跑来看柯达,不置一言。

1975年,实际上是一位年轻的柯达工程师发明了第一台数码相机。但是公司没有采纳这个发明，害怕数码相机会威胁到胶卷的销量。

后面的故事我们都知道了。然而，并不是所有人都知道，实际上半个世纪以来，柯达不断尝试着"自我革新"（reinventing itself）。根据美国有线电视新闻网（CNN）的整理，1988年，柯达斥资51亿美金买下斯特林药业公司（Sterling Drug Inc.），试图转型为药企；1994年，柯达反悔了，抛售余下的所有斯特林资产，加上之前抛售的资产，根据美联社的统计，大概一共套现46亿美金；2004年，柯达停止销售传统胶片相机；2011年，柯达开始售卖名下的一千多项专利技术；2012年，柯达申请破产保护。[1]

故事到这里没有结束。2018年，柯达宣布发行"柯达币"，当摄影师拍摄的图像被使用时，他们会收到这款加密货币作为报酬，公司股价应声大涨，但是没有后续。2020年7月，柯达获得了7.65亿美金的联邦政府贷款，特朗普政府以此证明自己兑现了辅佐美国制造重创辉煌的诺言[2]，柯达的股价也再次飙升。几天之后，新闻媒体的报

---

1 Clare Duffy, "How Kodak Went from Photography Pioneer to Pharmaceutical Producer," *CNN Business*, August 4, 2020, https://www.cnn.com/2020/08/04/business/kodak-history-pharmaceutical-production/index.html#:~:text=The%20company%20will%20receive%20a,medications%20in%20the%20United%20States.

2 Kevin Freking, "Kodak Lands Loan to Bolster US-Produced Drug Supply," *AP News*, July 29, 2020, https://apnews.com/general-news-6ac0ea01fa0059f17decedb640c4bf82.

道标题从祝贺其转型到怀疑柯达高层的内部交易,有高层人员受到指控,而后指控撤销,又再度面临其他地区法院的指控……

《大西洋月刊》(*The Atlantic*)在2021年6月曾刊登过一篇题为"美国科技巨头的兴衰"("The Rise and Fall of an American Tech Giant")的长文,自小在罗切斯特长大的凯特琳·蒂凡尼(Kaitlyn Tiffany)坦言:"我的整个成年生活中,就一直听见——哎呀,柯达搞砸了;看,柯达又尝试新的事情了;啊,柯达在做的事看起来挺有意思,但实际上毫无希望。"[1]

3

实际上,与其说是柯达,不如说是创始人乔治·伊士曼(George Eastman)改造了罗切斯特。

我们或许都听说伊士曼是发明家。在伊士曼之前,摄影师拍照就好比医生出诊,不仅要带上庞大的相机、沉甸甸的三脚架,还要带上一大堆化学制品、玻璃水箱、曝光

---

[1] Kaitlyn Tiffany, "The Rise and Fall of an American Tech Giant," *The Atlantic*, June 16, 2021, https://www.theatlantic.com/magazine/archive/2021/07/kodak-rochester-new-york/619009/.

板，甚至水。自学成才的伊士曼在母亲的厨房里实验了三年，终于发明了一种干版配方，涂上这种配方的感光板干燥后仍具光敏性，可以继续曝光，才有了后来人人都能使用的柯达相机。

我们或许也听说伊士曼是慈善家。是他最初出资建立了罗切斯特大学的音乐学院、医学院和牙医学院，罗切斯特理工学院也得到他的大笔捐赠，这座城市最初的剧院、音乐厅、乃至爱乐乐团都来自他的慷慨捐赠。

2000年的美国纪录片《摄影之巫》(*The Wizard of Photography*)回顾了伊士曼的一生。观影的时候，我时时想起如今统领科技界的怪才埃隆·马斯克（Elon Musk）。

伊士曼偏执、专制、控制欲强。你大概不想成为他的员工或跟他做朋友。女职工的厕所被设置在他的办公室旁边，他会留意哪些员工在厕所里"摸鱼"。他的仆从和公司员工一样，会有考勤表、工作流程图以及绩效考评。就算退了休，热衷去非洲打猎的他很快也没有了同伴，没有人受得了在旅行时也要时刻发号施令的人。

不难想见，除了和母亲、姐姐亲近之外，他一生挣扎于建立亲密关系。唯一的例外是居住在伦敦的迪克曼（Dickman）夫妇，乔治·迪克曼后来成了柯达公司伦敦总部的负责人，其妻子约瑟芬则是一名专业的歌唱家。在伦敦，迪克曼夫妇带着伊士曼这个纽约小镇长大的穷小子

"见世面"，去听交响乐、歌剧，逛美术馆……受到高雅文化熏陶的伊士曼感到自己的家乡罗切斯特也必须接受同样的提升，于是有了这些慷慨捐赠。

坊间传言伊士曼一直喜欢约瑟芬，所以当乔治·迪克曼突然因病过世，很多人以为孀居的约瑟芬会在不久后改嫁伊士曼。约瑟芬确实搬来了罗切斯特，很多时候还帮不善社交的伊士曼主持家庭晚宴，但他们没有结婚，伊士曼终身未娶，没有子嗣。

另一方面，和同时代的很多白人一样，伊士曼有着严重的种族偏见，他也大笔捐赠给"优生学"研究，以求阻止种族通婚。尽管罗切斯特大学早在1891年就有第一个非裔毕业生，然而新成立的医学院和法学院在很长时间内都把非裔申请人拒之门外；伊士曼剧院也长期仅容许非裔观众站在楼座。伊士曼死后，在1939年，因为偌大的企业只有一位非裔员工（担任门卫），柯达公司遭到纽约州立法部的传唤。

在反思非裔民权运动历史的《更美好也更糟糕的历史》（*A More Beautiful and Terrible History*）一书中，历史学家珍妮·西奥哈里斯（Jeanne Theoharis）写道："一谈起种族隔离，大家立马想到美国南方，南方很多时候成了事实上同样种族隔离情况严重的北方城市的替罪羊。"

罗切斯特鼎盛时代的美好与糟糕也发生在奥尔巴尼、

雪城和布法罗。只不过在罗切斯特，所有的爱憎有了一个具体的名字：乔治·伊士曼。

在罗切斯特的第二天，我跨过杰纳西河往西，前往现被改建为博物馆的伊士曼故居。博物馆不仅陈列着从古至今具有代表性的摄影器材，有当代摄影展，还保留着伊士曼生前的房间格局，进口处展览框里收藏着伊士曼晚年病痛时的自杀笔记："我的工作已经完成，还等什么？"（My work is done. Why wait?）恢宏的厅堂墙面挂着剥制的非洲大象头颅标本。我知道这一切都是为了证明伊士曼的刚毅（grits），也是现今纽约上州城市引以为傲的地方性格。但我看到的却是不可救药的孤独。

餐桌旁的钢琴前有个空板凳，故居循环播放着伊士曼生前喜欢的乐曲，我想起纪录片里提到的，伊士曼每天早晨七点半会雷打不动地走出卧室，而早就守在琴键旁的钢琴师则会准时奏响曲目，为独自用早餐的伊士曼伴奏。

博物馆所在的区域很有活力，有纽约式的公寓楼，有穿着讲究的上班族拿着咖啡走回自己的车。事实上，整个杰纳西河西岸，或许因为没有老工业区的历史包袱，给人的感觉很年轻，两所当地名校也在西岸。

我饶有兴致地走了好一段，再回到东岸的民宿取行李,这才看见离小区不远处有一座柯达中心,才发现建于19世纪末的柯达工厂就在这栋四四方方的红砖房子之后,也才推知这几天居住的房子很有可能最初就属于某位柯达高层。

为了赶火车,我知道自己没有时间了。等优步司机来接我的时候,我踮起脚尖,张望着这些灰头土脸的老房子,张望着一根孤零零的大烟囱。坐进车里的我忍不住抱怨自己的失策,错过了重要的一站,这位开着特斯拉的非裔司机随口说了句和伊士曼自杀笔记押韵的话:

"柯达已成过去,还在意什么?"(Kodak is gone. Why bother?)

4

几年前来到美国时,我听说布法罗是因为一款原产于该城的鸡翅酱料,那对我而言口味太重。而后几乎每年冬天,我打开电视新闻,都会看到记者站在布法罗的暴风雪里,报道当地如何应对极端气候。是朋友约书亚的那封电邮,让我想起了1998年的独立电影《水牛城66》(*Buffalo '66*)。该片的导演、编剧兼主演文森特·加洛(Vincent Gallo)远没有之后那么癫狂,电影基于他本人在布法罗成长的经历,包括他的问题家庭创作。男主角比尔(加洛饰)渴望得到一点点温情、一点点瞩目和一点点尊重的自怨自艾时隔多年依然打动我。影片里有这样一个镜头，比尔的母亲指着好不容易翻出的比尔旧照说："他小时候多漂亮，现在却成了这样！"据说这句话是加洛十二岁生日当天，他的母亲对他说的。

布法罗曾是伊利运河最重要的交通枢纽：美国中西部的农副产品要向东部输送，必须在这里中转。很自然地，它逐渐成了食品加工业的中心，这里曾是全世界（不仅是全美）的"面粉之都"。因为临近水能丰富的尼亚加拉大瀑布，1881年，它成了全美第一座广泛使用电灯作为路灯的城市，也被称为"光之城"。

这么多年过去了，这座城的内心深处是否也会响起比尔母亲式的批评："他小时候多漂亮，现在却成了这样！"

布法罗火车站看起来和罗切斯特的没什么两样，很小，墙上是当年的黑白照片。因为有了之前的经验，我在包里塞了块蛋糕，以防万一。大风大雨，温度大概已经低过洛杉矶最冷的时候，但优步司机载着我去往民宿的时候，我已经瞥见了布法罗的美：不是建筑大师弗兰克·劳埃德·赖特（Frank Llyod Wright）和"摩天大楼之父"路易斯·沙利文（Louis Sullivan）留下的遗迹，这些我很快会看见，而是零星的烟火气。这里的居民区也像罗切斯特，多是独幢房子，相互隔开，但可以很清晰地看到一段段商业街（而不仅仅是公路）和街心花园将居民区串联起来。天色很阴沉，但主街上写有"营业中"（open）的蓝框红字霓虹灯让我感到温暖。

因为拐进民宿所在的街道之前，我已瞥见附近的街道上有餐厅，于是一放好行李，我撑着伞，折了回来。这是一家哥伦比亚餐厅，柜台的两个小伙儿英语不太流利，我也没法用西班牙语点菜，于是在手指和微笑的帮助下，我入座了，完全不清楚自己点了什么。

食物上来了，配菜的样子像红烧肉，不过是炸的，配墨西哥绿酱，主菜是夹在两片薄饼间的黑椒牛柳，因为夹有清甜的油炸大蕉，口感丰富。我这一路并不追寻美食，却意外与之相逢。可能因为城里东亚人很少，两位小伙儿对我也感到好奇，当我用英语加拇指告诉他们非常好吃时，他们笑得十分灿烂。

我的民宿老板叫吐纳汗，两年前从土耳其搬来美国，这也是我没有料到的。因为同是移民，加上年龄相仿，我们聊得很投机，他拿出土耳其茶点招呼我。当他移开茶几上的尼亚加拉大瀑布宣传册，为茶具腾出位置时，我说："我可不是来看瀑布的！"

"那你来看什么？"

"这座城。"

布法罗三面环水，往北是大瀑布，往西是伊利湖，穿城而过的布法罗河向南绵延。因为淡水资源丰富，当地人开玩笑：要是气候危机加剧，布法罗可能会是整个世界完蛋之前最宜居的城市。

这座城自诩是全美"按照最佳方案设计的城市"（the best planned city），它最初的规划师是约瑟夫·埃利科特（Joseph Ellicott），他的哥哥帮助设计了美国首都华盛顿。简单说，布法罗以西南角为中心，主干道像招贴画上常见的万丈光芒一般向东北辐射。每个社区都有欧洲式的圆形广场，社区之内的街道则由广场向外辐射。1868年，纽约中央公园的设计师福利德里克·奥姆斯特德（Frederick Law Olmsted）被请来给布法罗设计一座公园，但奥姆斯特德给出的方案是把这座城市放进一个公园系统（park system），布法罗本就拥有的圆形广场被改造成街心公园，你沿着任何一条街走，都可以很快来到另一个公园，市民的居所就在公园与公园之间。

到达的次日，我一早就去了布法罗历史博物馆，看馆藏更像在温习我先前的调研，但有两个展馆很有意思。一是二楼的火车馆，像小仓库，桌上有铁轨和火车的模型，旁边胡乱地堆着关于火车的书籍和旧杂志，进口处立着的海报说"这个展馆因为资金不足不再继续"，既然特地做了海报，这个展厅的门应该是有意开着的。博物馆底楼通往花园的圆形厅堂，有不同艺术家在传统的彩绘玻璃上谱写的当代主题。

历史博物馆是1901年泛美博览会的主办场馆，馆外就是美不胜收的特拉华公园（Delaware Park）。宁静的湖面，湖上有座迷你日式庭院，有人在散步，也有历史老师带学生来郊游。

但我很快也看到了离今天更切近的历史，一条高速公路把公园拦腰斩断。20世纪50年代，这座城也和全美的其他城市一样，抛弃有轨电车，兴建高速公路。不过布法罗可能是罕见的为此懊悔的城市，"我们竟然容许高速公路毁掉我们引以为豪的公园系统"——一部网上流传颇广的布法罗城市宣传片[1]如此说道。从博物馆往市中心的方向走，我看到公路旁配有宽敞完整的自行车道，每个路口都给骑车人标出附近的历史建筑，标牌和车道都很新，应该是这几年新设的。我沿着自行车道走，偶尔给骑行的人让路。我先经过纽约州立大学布法罗分校，很快走到了埃尔姆伍德村（Elmwood Village），沿街的餐馆正在张罗，准备营业，城里随处可见的水牛装饰要么威严地立在门口，要么顽皮地爬到房顶。看到一个圆形广场，不用墙上的欢迎词提醒，

---

[1] *Buffalo: America's Best Designed City*, https://www.youtube.com/watch?v=sBsi5FGbY2Y&t=529s&ab_channel=JohnPaget.

我也知道自己来到了这一片区的中心。要不是预约了中午十二点的市政厅导览,我真想这样一路走回去。

5

20世纪20年代,布法罗是一座前途无量的城市:巨型的谷仓塔(grain elevator)拔地而起,已经在城市南岸聚合成了筒仓城(silo city);化工业也看重布法罗毗邻尼亚加拉瀑布的地理优势,不少化工公司和石油公司都在这里初露锋芒;而后是汽车业,布法罗的本土汽车公司皮尔斯·箭头(Pierce Arrow)可谓那个年代的劳斯莱斯;随后是飞机制造,航空先驱格伦·柯蒂斯(Glenn Curtiss)在这里设计出多种机型,包括第一艘从轮船上起飞的飞机以及第一架投入大规模生产的军事训练飞机柯蒂斯·珍妮(Curtiss Jenny)[1];再接下来是钢铁业,美国第二大钢铁生产公司伯利恒钢铁(Bethlehem Steel)买下了布法罗南边的拉克万纳钢铁公司(Lackawanna Steel Company)厂房,将其现代化,为的是在兴起的汽车产业中分一杯羹。飞机制

---

[1] "Buffalo, NY: A City Unmatched in Its Aviation Contributions," *Kenmore Development*, September 23, 2020, https://kendev.com/history/buffalo-aviation-history/#:~:text=During%20WWI%2C%20Curtiss%20moved%20his,the%20first%20mass%20produced%20aircraft.

造、钢铁生产以及汽车制造,它们的规模甚至超过了仍然兴旺的谷物加工。

就是在这个背景下,新市政厅于1929年动工,这是当时全美第二高的市政厅,仅次于费城。设计的时候,布法罗估计自己的人口会突破一百万,所以市政厅必须与之匹配。或许布法罗还觉得自己的估计太过保守,地基打得非常扎实,最终于1931年完成的市政厅有32层,但是万一人口增长过快,随时可以往上再加盖10层。

布法罗人口的峰值出现在1950年,达到近60万,而今天的人口已经跌到30万左右,虽然仍是纽约州第二大城市,但在全美已经排到了第78位。

我以为自己会在城市的空气里嗅到圣路易斯那样的"不甘",或之后在底特律感受到的"焦虑"("看,底特律在复兴!"),但我的导览艾伦说:"所幸我们没有钱来翻新历史建筑,我们看到的还是一百年前的样子。"

踏上旅程前,正是因为朋友约书亚说了类似的话,我才决定来此一游。"没有哪座城市,"约书亚在视频通话里说,"像布法罗那样可以看到过去、现在与未来的重合。我在市中心的历史建筑里上钢琴课,因为大楼没钱翻新,还可以看到以前公司留下来的名牌!"

我到每座城市都习惯搜寻专业导览,但很少看到类似"探索布法罗"(Explore Buffalo)的非政府组织,它完全由志愿者运营。几乎每天，他们都会带人去探寻城市的不同角落，有些免费（比如市政厅），有些则收取微薄的费用。

导览艾伦是退休历史教师。我参加的导览团大概十个人，一半游客，一半当地居民。艾伦解释每幅壁画都描绘着布法罗的一个支柱产业（运输、农业、工业、教育），而每一座雕塑都写有对人民公仆的期待（勤奋、服务、忠诚、美德）。因为有导游，我们可以进到平时不对公众开放的场所，包括市长办公室和议会厅。议会厅的位子非常小，让我们疑惑一百年前的人是否更苗条，艾伦让我们猜椅子旁边的钩子是干吗用的，没有人猜对。是挂帽子的！因为一百年前的人都戴帽子！

市政厅专门造了对公众开放的360度观光平台，艾伦给我们介绍了每一幢百年前留下的摩天大楼。因为有城市的全景，我可以清晰看到百年前的城市规划。又有历史老师带初中生来参观，孩子们已经能叫出每座大楼的名字。

因为我是唯一一个从头到尾做笔记的人，艾伦对我感到好奇。我说我感到布法罗居民对待历史的态度很平和，这个观察准确吗？

艾伦说起自己教书的往事："只要上过当地的历史课，更会感到历史的奇妙。"

我们在观光平台上，他手指和平大桥（Peace Bridge）的位置，河两岸分别是布法罗和加拿大伊利堡（Fort Erie），之所以叫"和平桥",是因为19世纪初,美国和英属加拿大还在打仗。开通伊利运河就是希望在美国内陆把中西部的农副产品运出海,从布法罗到奥尔巴尼,再通过哈德孙河连接到纽约出海;加拿大也同时在自己的内陆规划了一条运河。

然而,谁也没料到,一个多世纪后,美国和加拿大已经成为友好国家,双方于1959年一同疏通了圣劳伦斯海道(St. Lawrence Seaway),货船可以直接从五大湖地区通过加拿大的蒙特利尔出海。布法罗失去了昔日水运枢纽的地位。

"你现在还能想象美国和加拿大打仗的样子吗?"艾伦开玩笑说。

我也笑了。我已经看到,布法罗市区的很多建筑都挂有加拿大和美国两国国旗,据说对岸的伊利堡也是如此,美国和加拿大之间有着全世界最长的不设防的边境线。

"但布法罗衰落的原因很复杂,"他说,又用手指了指高速公路,"比方说,当初造高架的时候,伯利恒钢铁厂就在旁边,但是市政府购买钢材料的时候其实犹豫了一下,伯利恒钢铁厂的造价太高。"

在费城的时候,每次我找罗瑞测试自己对城市的一个新观察时,她都会耐心地听我说完,而后以历史学者的严谨态度说,"这个问题很复杂"(It's complicated),再告诉我还应当考虑哪些因素。

造成布法罗(及其纽约上州难兄难弟)衰落的原因错综复杂:圣劳伦斯河的贯通,城市郊区化(suburbanization)以及种族矛盾,工会运动以及人力成本上升,中东石油危机及其对汽车与钢铁业的毁灭性打击,来自其他国家低价格工业产品的竞争等等。

以上都是更可见的理由,还有很多更隐性的原因,比如当年这些制造业巨头(如伯利恒钢铁公司)的错误决策和管理问题,再如市政府层面的策略问题以及腐败。

历史真相充满多个自相矛盾的维度,但人们更容易满足于单一解释。这一路,我碰到过不少憎恨工会或移民或外国制造的人,也偶尔遭遇过路的车故意向我按喇叭,做鬼脸,虽然对于后者,我无法知晓真实的原因。

但如果你愿意了解,布法罗是一座愿意向你坦诚历史的复杂多面的城市。我去了艾伦推荐的皮尔斯·箭头博物馆,这家一个世纪前美国的劳斯莱斯最终倒在了20世纪30年代的经济危机下,原先的厂房改成了古董车陈列馆;我去了约书亚朋友经营的独立书店,买下了书店自主印刷装订的小册子,上面讲述了被这座城"遗忘"的非裔族群的历史;我还访问了约书亚另一个朋友供职的"公益写作中心"（Just Buffalo Literary Center），该机构每年夏天举办诗歌节，邀请全美最顶尖的诗人在已经大面积废弃的筒仓城里朗读。

"我有急事要去一趟多伦多，"约书亚的朋友说，"但我会设法找人带你进筒仓城。"

我请他不用费心，因为我已经预约了"探索布法罗"的筒仓城导览。

我们的导览叫司各特，也是退休历史老师。除了我和因好奇同来的民宿老板吐纳汗外，其他几位同行者都是在布法罗长大的居民，有一位已经参加了多次导览。

曾有记者参观现代工厂后，说自己"仿佛来到了奥林匹斯众神的居所"，在筒仓城，我目睹的则是一座荒废的奥林匹斯山，连绵起伏，无穷无尽，只不过全由钢筋混凝土搭建。司各特用钥匙打开通往废弃厂房的铁门，我们进到一座座参天筒仓的内部，因为布法罗一直在断断续续下雨，厂房里积水，我更觉得自己像是走进了一座座巨型山洞。

"一百年前的工程学不像今天这么发达，"司各特说，"因为不知道要造到什么程度，建筑才足够坚固，所以反而会把房子造得过于结实。"

他要我们试着在筒仓里齐声大喊，一同听绕梁的回声。而后他介绍说："很多艺术家利用这一点来举办文学朗读、爵士音乐会，乃至歌剧表演。居民还可以预约到这里来拍婚纱照，甚至办婚礼。"

在很多筒仓的深处，我看到了由市政府邀请的当代艺术家的作品，有的是涂鸦，像极了史前洞穴壁画，有的则是装置，从仓顶垂下。就像走进了当代艺术馆，有些作品易懂，另一些则叫我疑惑。因为我的脑中对面粉加工毫无概念，一直像个孩子一样，等司各特回答：这个是什么，那个是什么。

时不时地，他试图打消我们对布法罗辉煌时代的想当然。他在一座大漏斗形的旋风分离器面前停下，说："近一百年前，这些筒仓都是靠劳工来建造、安装以及清洗的。当时没有什么劳工保护，我自己会想，如果有其他选择，我是不愿意干这个活儿的。"

我们最后参观的一座筒仓已经被一家企业买下，会被改建为公寓。司各特指给我们看锅炉绿色外箱上的女神装饰："这是瑞士神话里的丰收女神，当年拥有这座筒仓的是来自威斯康星州密尔沃基（Milwaukee）的瑞士移民家庭。"

"我很好奇改建后的公寓会怎么重新利用这些空间。"司各特说。

吐纳汗和我相互传递了眼神：恐怕会拆掉。司各特或许看到了，他回答自己提出的问题："拆除成本太高，布法罗的公寓赚不了大钱，所以我们大概率还要继续和历史共存。"教了一辈子历史的他对此感到欣慰。

我只是访客，我有限的经历和样本只能折射自己管窥的布法罗以及我个人的审美偏好。除了人口基数更大、游客数量更多、接受难民数量更多，没有其他数据支持布法罗的移民人口明显大于罗切斯特或雪城，但我幸运地遇见多位曾经或仍然在此生活的外国人。

从洛杉矶去费城的飞机上，我的邻座来自巴基斯坦，曾在布法罗留学。"我不喜欢那里，"她说，"冬天太长，太冷，太阴郁。"她如今居住在加州的橘子郡（Orange County），舒适如归。

在布法罗，我的一位优步司机也来自巴基斯坦。"我两个孩子整天闹着要搬去纽约，"他说，"抱怨这里太冷。我可不去，布法罗多便宜啊，便宜才能攒钱。"

我还在躲雨的时候碰到来自越南、尼日利亚和克罗地亚的新移民和加拿大游客。"我们只是行程碰巧多出一天，"加拿大夫妇说，"随便在城里走走，没想到这里这么美！"

我的民宿老板吐纳汗两年前跟着酒店实习项目过来，他既抱怨冬天，又喜欢这里的低成本。半年前室友搬离的时候，本想找新室友的他问自己："干吗不做民宿呢？"

可能因为竞争对手不多，吐纳汗的生意很兴隆，不少游客像我一样，意外抵达，格外喜欢，计划重访。他已经想着再租下一间公寓改作民宿。在布法罗的最后一天，恰好是休息日，他开车带我去布法罗所有的水岸转转。在伊利湖畔的州立公园，背对着我们前一天去过的筒仓城，他告诉我，他的梦想是拥有自己的星级酒店。

可能是落日时的湖水太美，也可能是他的笑容太过自信，我觉得自己仿佛穿梭回到了一百年前：那个时候，就在这个位置，一定也有志向远大的新移民作出同样郑重的宣告。

第三站：欢迎来到底特律

要是你了解一切的开始，你就不会被结局搅扰。[1]

—— 非洲谚语，
见于底特律的查尔斯·莱特非裔美国人历史博物馆
（The Charles H. Wright Museum of
African American History）

---

[1] 原文为"If you understand the beginning, the end will not trouble you."。

1

基于十足的巧合,我在底特律入住了两间不同的民宿,分别位于最贫穷和最富有的社区。

前一间距离大型户外艺术装置"海德堡项目"(The Heidelberg Project)不远,位于传统的非裔社区。民宿的宣传语是"如果你害怕废弃的房屋和空地,就不要住我们这里,但我们可以让你看到真实的底特律"。

虽然有预期,但是当优步司机真的载我到达的时候,还是忐忑不安。那是个雨水淅沥的早晨,我仿佛进了荒郊野外,被遗弃的房屋,杂草丛生的空地,没有人,也没有车。我赶紧打开密码锁取钥匙。很快,我就知道,在这个十字路口,只有我这一角的两栋房子还住人,其他三边的房子都是废弃的。而且底特律的废屋和我在纽约上州见到的还不一样,二层的窗户没有用木板封起来,是一个个黑窟窿,犹如怪兽的很多只眼睛。

房子很朴素,白墙,家具和地板都很老,没有地毯,唯一的装饰是一架钢琴,共用的厕所不太干净,盥洗池里有小虫爬来爬去。我的房间在一楼,窗帘的遮光布不知为何短了一截,可以看到外面的街道。我也担心入室抢劫,街头枪战,或者一张陌生人的脸庞贴到赤裸的窗户上,向里窥视。但这些担心很快被更实际的匮乏取代,这个街区没有公园,没有广场,甚至没有超市、药店或小型便利店。我这一路上第一次叫了外卖,不仅要了比萨,还要位于下城的便利店送来两大桶饮用水。

记得来美国的第一年,艾奥瓦城(Iowa City)的朋友杰奎琳载我去当地超市Hy-Vee买菜,当我们把一袋袋食物装进轿车后备厢,她突然自豪地问:"美国的超市很大吧?"我被问得一愣,要等听到更多城市的居民谈起本地超市,才明白物资丰足的超市与美国梦之间的内在关联。我早就听说过底特律的废墟、暴力犯罪、垮塌的公立教育,却没有想到连超市也少得可怜。根据《底特律之桥》(*BridgeDetroit*)的报道[1],截至2021年,底特律全城只有64家杂货店(grocery store),因为难以买到健康的食物,40%的底特律居民正面临因肥胖引发的健康问题。密歇根州有本地超市梅吉尔(Meijer),但它在底特律只有两家,分别开在北边和西边的城市与郊区之间的边界。《底特律之桥》上给出了一幅底特律超市分布图,可以清晰地看到包括梅吉尔、沃尔玛和克罗格(Kroger)等在内的大型连锁超市在底特律郊区遍地开花,却像避瘟疫一般避开整个底特律城。

---

[1] Jena Brooker, "Grocery Store Access Worsens for Detroiters," *BridgeDetroit*, Oct 31, 2022, https://www.bridgedetroit.com/grocery-store-access-detroiters/.

我只在"真实的底特律"住了三天,就搬到了位于"西村"(West Village)的第二间民宿。虽然叫"西"村,但它其实在底特律的东部,"西"是针对毗邻的"印第安村"(Indian Village)而言,后者,是底特律繁盛时期城中精英阶层的居住区。

我搬去的那天正好是周日,底特律在举办马拉松比赛,民宿所在的街区属于比赛区域,司机打招呼,说前面没法停车,我必须走一段路。

我拖着行李,看到巡逻的警察手捧咖啡,面带微笑。我所在的街道有一条商业街,有咖啡馆、冰激凌店、非洲菜馆和一家附带小型食品集市的欧陆风情餐厅。街对面的大房子被刷成了彩虹色,我马上意识到这是"白人自由派"(white liberal)[1]的居住区。

餐馆的户外桌椅坐满了客人,他们的宠物狗乖乖地伏在地上。人行道旁,有人自发地搭了桌子,赠送饮用水,桌旁则零零散散站着很多围观的居民,不少是怀抱婴孩的年轻父亲,他们对着路过的跑者喊:"你做得很棒,加油!"

这里的族裔比例大概正好跟底特律的总体比例相反:

---

[1] 在美国通常指支持废除死刑、动物保护、环境保护、平权运动、移民等进步观念的白人,大都在政治上会支持民主党。

白人占八成以上，很多都是最近几年被底特律的低廉房价吸引，从东西两岸的大城市搬过来的。"西村"因此也被坊间戏称为"白人村"（White Village）。

幸福的街区总是相似的。我的房子位于一栋别墅的顶楼，五彩斑斓的地毯和家具，咖啡机和饮用水一应俱全，卫浴一尘不染。这个居住区和美国任何一座城市的中产社区类似，任何时间，都可以看到有人遛狗、推婴儿车或者散步，走路十五分钟之内就有一家传统超市和一家小型便利店，除了我看到的这条商业街，往北走十五分钟，还会有更多的餐厅和酒吧，不少餐厅特别标出了"严格素食"（vegan）的选项。

我已经在美国旅居了七年，对阶层之间的鸿沟不再大惊小怪。但在底特律，和"西村"类似的中产社区其实才是稀罕的"城中村"。这些所谓"好的街区"（good neighborhood）只存在于包括我现在所住街道的下城以及中城。除了这几个孤岛，百分之八十的底特律和我所住的前一个街区类似或比它更糟。住在"城中村"的中产人士和贫困的非裔住区之间有着一种别样的关系：后者常常是前者的冒险乐园。某种程度上，这也是底特律这座城市和周边富裕郊区里白人居民之间的关系，对后者来说，跨过八英里路（8 Mile Road）这条城市边界，就无异于"勇闯夺命岛"。

2

南非脱口秀演员崔娃（Trevor Noah）在一期节目里取笑"贫困旅游"（poverty tourism）。

"我们去巴厘岛旅游，有个特别热情的向导跟我们说，今天会带大家见识'真正的巴厘岛'。而后，他带我们走近一栋房子，打开门，这不是什么博物馆、美术馆，而是一个当地人的家。当地人吃喝拉撒都在这里，我进去的时候在想，这个人知不知道我们要来？"

"贫困旅游"不是什么新奇的概念，19世纪末，在开膛手杰克震惊英国之前，伦敦的白教堂（Whitechapel）就是上流社会"贫民窟旅游"（slum tourism）的主要景区。如今，"贫困旅游"引发新的争议——组织发达地区的游客去参观印尼、肯尼亚、巴西等地的贫民窟已发展成一项可观的产业。

在底特律，"贫困旅游"演变成一个独特的门类：废墟美学（ruin porn）。出发前，我就是这个门类的消费者，我看纪录片里的艺术家在断壁上涂鸦，在残垣上滑滑板，看视频博主驾车沿着八英里路行驶，在沿途装有防弹玻璃的快餐店买热狗和比萨。废墟美学的巅峰之作在我看来是法国公司打造的一款电子游戏《底特律：化身为人》（*Detroit: Become Human*）。

坦白说，我也是来底特律探险的，这一路，我在费城、罗切斯特、布法罗看的都是废墟，并不觉得有什么问题。来的第二天一早，我就去了"海德堡项目"，其实走过去也就四十分钟，天也已经放晴，但我脑中浮现的是喜剧演员基根-迈克尔·奇（Keegan-Michael Key）的调侃："我来自汽车城，在我们那儿，你要么开车，要么被捅。"[1]

"水手计划"可以报销打车费用，我订了优步。

一路上的废弃房屋都性格各异，有的屋顶塌了一半，有的屋顶和外墙之间裂了口子，过去，我只有在摄影集和摄影展里才见过这样的房子。很自然地，我在轿车后座举起手机，随时准备抓拍。我的司机是位六十多岁的非裔大叔，他问我：

"你在拍照，要不要我开慢一点儿？"

他说话有南方口音，但语调很真诚，并没有故意嘲讽我的意思。我反而感到非常羞愧，放下手机，说："对不起，我们这些外来者真糟糕。"

"你不是第一个这样做的人。"他回答说。

看到沿街的树和电线杆都挂着手绘的钟面，我知道我到了。

---

[1] 原文为"I'm from the motor city. I'm from Detroit. So you have to drive or you get stabbed."，出自流行喜剧短片集《奇和皮尔》（*Key & Peele*）第一季第一集。

"海德堡项目"是一个大型户外装置艺术,乍一看像来到了回收义乌小商品的垃圾场。铁栅栏上挂满了运动鞋,被丢弃的购物车、电视机、玩具被杂乱地堆积在一起,房子的外墙被画上彩色波点,但不是草间弥生作品中那样有序的纹路,更像是孩子画的。

虽然才来了一天,但我可以看出该项目来自本土艺术家之手。所有的景象都是对现实的提炼和加工:废弃汽车被杂草吞没,路人把垃圾乱丢在废弃房屋旁边。艺术家只不过是用油漆给汽车的铁皮加上涂鸦,不过是用更夸张的堆叠集中展现了底特律的废墟,不过是把这个街区变成"贫困旅游者"可以随意"欣赏"贫困的户外美术馆。

来之前,我听说过如《纽约时报》等主流媒体对该项目的盛赞,但我疑心当地人不一定喜欢这些。我到达的时候只有早上九点,正好碰到波点房子的住户出来喂野猫。

她微笑着跟我说:"尽管拍照。这只猫也可以拍。"

和方才的司机不一样,这一次,我不确定她是不是在嘲笑我。

但她提醒了我,我所做的事无异于那些底特律当地中产人士:他们喜欢在周末开车去到一个"危险的"非裔社区(hoods),隔着防弹玻璃窗购买快餐,买完后立即上车回家,在社交网站上发布自己的"勇敢"战绩,而后更加坚信这些地方危险无比。我突然意识到,要让这一"探险"

旅程保有新奇和真刺激，探险的人必须始终保有恐惧和无知。

在底特律，人们会告诉你，这座城市是在1967年暴乱之后衰弱的。时间的先后并不表示逻辑的因果，但我在暴乱过程中看到的也是一个关于恐惧和无知的故事。

事件的起因是底特律警方对位于中城非裔社区的一家无证酒吧进行临时检查。20世纪50年代，因为修建高速公路，传统的非裔社区"黑底"（Black Bottom）和"天堂谷"（Paradise Valley）遭到拆迁，原来的居民搬到中城西侧。因为非裔居民在其他餐厅和酒吧经常遭遇歧视，所以更愿意聚集在自己社区的无证酒吧里。事发当日，警方临检的名义是"酒吧藏有手枪"，但实际上并没有搜查出手枪。和很多在60年代发生暴乱的美国城市一样，底特律的很多非裔居民也不用"暴乱"这个词，认为这是针对系统性歧视以及白人警察多年来变相骚扰的"反叛"（rebellion）。

这场暴乱的失控有很多原因，但警民之间的冲突在次日因为"狙击手"事件升级。杰克·西德诺（Jack Sydnor），一名三十八岁的非裔男子，在警方来他的公寓楼问询时从窗户开枪射杀了一个警官，而后对"狙击手"的恐惧开始在警方和国民警卫队中散布。不仅有很多非裔居民的公寓遭到检查，被逮捕的人在警局遭到侮辱和抽打，更有一个四岁的非裔小姑娘塔尼娅·布兰丁（Tanya Blanding）在自家客厅被国民警卫队的警员射杀，她不是唯一一个被追踪狙击手的警察误杀的，还有至少三个无辜的人被国民警卫队错当成狙击手而射杀。

有二十六人因为被怀疑是"狙击手"而遭遇逮捕，但没有一个人被控告。社会学家阿尔伯特·柏格森（Albert Bergesen）对1967年暴乱做了专门的研究，还原每一起死亡发生的位置，警方的位置、数量等等，他认为：底特律警方和密歇根州国民警卫队对狙击手的预估很可能来自想象或夸张[1]。当时国民警卫队和底特律警方超过九成都是白人。

暴乱发生的一年之后，时任底特律市长杰罗姆·卡瓦诺（Jerome Cavanagh）还在呼吁大家恢复理智："底特律居民，不管是非裔或者白人，都在空前地武装自己。在毗邻底特律的郊区，枪支交易量也在上升。但让我说一句，市民同志，这种战备竞赛必须停止。"[2] 暴乱没有直接导致底特律的衰

---

[1] Albert Bergesen, "Race Riots of 1967: An Analysis of Police Violence in Detroit and Newark," *Journal of Black Studies* 12, no. 3 (1982): 273-274.

[2] Quinn Klinefelter, "Scars Still Run Deep in Motor City 50 Years after Detroit Riots," *npr*, July 24, 2017, https://www.npr.org/2017/07/24/538996771/scars-still-run-deep-in-motor-city-50-years-after-detroit-riots.

落，而是搅动了长期相互隔绝的黑人和白人对对方的恐惧，后者触发了白人中产阶级的大规模逃离。

我的第二间民宿房主叫莫菲，白人，家里三代都居住在底特律，从未搬离。她生于1965年，暴乱时只有两岁，我问她是否奇怪为什么全家没有搬去郊区？

她说，她成长在底特律梅西大学（University of Detroit Mercy）所在的富裕社区，"我爸骨子里也不算什么平权人士，可能就是没长心眼。但大多数白人都不住在暴乱的街区，这么多年来除了门廊上的东西偶尔失窃，我没有遭遇过别的治安问题。"

3

"最后一个离开底特律的人麻烦关上灯好吗？"这是20世纪70年代在底特律流行一时的自嘲。

那几年，在底特律下城最受当地记者欢迎的安科酒吧（The Anchor），老板利欧每天下午五点会坐在门口，对呼啸而过的汽车和摩托车喊：

"快走，下了班赶快滚回你的郊区去！"

半个多世纪之后，郊区人的恐惧和市区人的愤怒仍然在后代以及新来者之间传递。

我通过朋友联系上的"底特律人"全都住在城市郊区。在底特律一周后,我发现自己双脚所覆盖的城市区域比不少在此住了二十多年的人还大,郊区人比我这个游客更像游客。

"从小到大,"一个在北边郊区皇家橡(Royal Oak)长大的朋友说,"父母都不让我们去到八英里以南的城市。"

"底特律我不太来的,最多来博物馆看展。"另一位二十年前迁至北部郊区绍斯菲尔德(Southfield)的朋友说。

在《如何在底特律不成为一个混蛋》(*How to Live in Detroit without Being a Jackass*)一书中,曾被底特律市任命为"首席故事人"的本土非裔作家阿龙·福利(Aaron Foley)写道:"假如你来自底特律的郊区,请不要说你是底特律人。"[1]

但我可以理解郊区人对这座城市兴致索然,当我逼自己在底特律也坚持去程打车,回程步行之后(以便把我自己和单纯的猎奇客区分开来),我发现一旦走出那几个中产阶层所在的孤岛,路上的绝大多数时间极其无聊,根本没什么可看:废屋,空地,正常房子,空地,正常房子……

---

[1] Aron Foley, *How to Live in Detroit without Being a Jackass*, Cleveland, Ohio: Belt Publishing, 2018, pp. 84.

不仅如此，最初的几天，我必须处理自己极端的不适，因为防弹玻璃和废墟，因为空空如也的街道，即便我反复提醒自己，挎帆布包、鞋面开裂的我安全得很。突然在空旷大路的尽头看到一个人，我会神经紧绷，首先把他假想为"暴徒"。我更厌恶这种假想总是和族裔联系起来。

我也更愿意整天待在郊区的亨利·福特博物馆（Henry Ford Museum of American Innovation，连生产线工人都是景观的一部分），中城和下城的商业街（这么多老建筑在翻修）以及第二间民宿所在的白人村（每天都有新的中产家庭搬进来）。所有人都笑脸迎人，没有种族歧视的嫌疑。不离开这里，我也相信这些年来这座城努力建构的形象——底特律在"复兴"（reviving）。

在底特律的第二周，我见到了任教于韦恩州立大学（Wayne State University）的刘海咏教授，他虽然住在安娜堡（Anna Harbor），但曾做过沈阳和底特律比较研究，对这座城市非常了解。他也参加了前一个周末的城市马拉松，他们的跑团还特地弄了一些"我爱底特律"的胸章别在身上，结果发现城里人很讨厌他们这么做。

"可能认为我们假惺惺吧。"他解释说。但我可以感受到他的爱是真诚的，"尤其是最近十年，"他告诉我，"城市里的活动多了起来，经常有音乐会，也陆续开通了几条供人跑步或骑行的街道。"

几天后，我会在同住在安娜堡的另一位朋友鲨鱼口中听见类似的"爱"，自小在乡村长大的鲨鱼不喜欢城市的喧嚣，干净、宁静、安全、学区优秀的安娜堡让他"一住下就不打算走了"。

这是一种现代人和城市之间的关系，或许也折射出现代人处理任何情感关系的态度。我支付城市税，抽出宝贵的时间与之相处，是期盼城市提供对等的服务和资源。如果收支没有达到平衡，我就应当找寻能够满足我需求的下一段关系。

或许，这向来是美国人和城市之间的关系，我在美国的七年时间里，已经因为学业迁徙三次，已经从更有经验的美国同学那里学到应对方案：一到新的地方就找到基本生活所需——本地超市、健身房、图书馆、咖啡店……在美国，即便是郊区的小城，只要居民以中产阶级为主，这些服务设施就一应俱全。在洛杉矶，如果要招揽别人搬过来，我们用的也是一套"服务"说辞：这儿天气好，餐馆多，有各种少数族裔群体开的超市。

这也是20世纪70年代以后离开底特律的中产人士给出的解释：郊区房子更新，更安全，学区更好，税收更低，这笔划算的买卖干吗不做呢？

我似乎在留守的底特律人身上观察到一种不同的"爱"的定义。

因为来美国的几年里一直待在高校，我的人脉完全在中产阶层，要想接触生活在真实的底特律的居民，我必须抓住一切机会和当地人聊天：我的第一间民宿的管理员、优步司机、快餐店店员、在空地上捡垃圾的志愿者、同在公交车站等车的人……

兼有游客和亚裔双重身份的我发现自己很容易冒犯底特律人。我随身携带《如何在底特律不成为一个混蛋》这本书，作为旅行指南。作者福利告诉我，底特律人的敏感是他们的自我保护系统，因为他们多年来忍受着其他人对他们指手画脚。福利用专章罗列出十八条可能冒犯底特律人的话语，说好话和建议似乎都不行，无论是"这座城市机会无限，是一张亟待描绘的白纸"还是"这座城市应当……"。

在遭受多次白眼和冷嘲之后，我发现最有可能获得底特律人尊敬的话语反而是对城市的问题百分之百坦诚。

"这附近真的挺糟的。"离开第一间民宿的时候，我对管理员吉姆说，"我会给你五星好评，但是房间窗户的窗帘短了一截，你确定不是为了吓唬我们这种来猎奇的外地游客吗？"

吉姆笑了，告诉我窗帘买错了尺寸，为了节省开支就懒得换。原来，这是他的祖屋，他的祖父母从亚拉巴马（Alabama）搬来，曾经在汽车厂里工作，他的所有亲戚一度都住在这一区，后来也都搬走了。我想起了周围长满黑窟窿的房子。

"你为什么不走？"我问。

"唉，我太爱这座城了。"他说。

还有一个健谈的优步司机，他在中城原先的红灯区长大，听完我的底特律观察后，前脚还在严肃地说"你啊，完成你的写作项目，就离开这儿，别信那套'底特律复兴'的鬼话，这座城市的问题太多了"，等我问他为什么留下，他也说，"唉，这是我的家"。

2017年纪录片《底特律合众国》（*The United States of Detroit*）记录了一群这样的被"遗弃"在城市里的贫困非裔群体。有一些社区组织起来把野草丛生的空地变作"城市农场"；住在罪案频发街区的教堂牧师不得不在快餐店打工以支付教堂的日常开销，但是他要让教堂开下去，因为这里的孩子需要"希望"。如果纯粹从商业管理的角度来看，这些理想工程大多数注定要失败，近些年来，"城市农场"确实多已夭折。但他们身上有着一种衡量得失的现代人很少有的傻气，唯有结婚誓词能够形容他们和城市之间的关系：

"不论生老病死，贫穷疾病，我都会对你不离不弃，互相扶持。我愿意永远守护你，爱护你，与你偕老。"

4

经刘海咏教授提醒，我开始听说唱音乐。这才想起，八英里路自驾游的走红就来自阿姆（Eminem）的自传式电影《八英里》（*8 Mile*）。

我向来不喜欢听说唱，脏话太多，女性还被歌手直呼为"婊子"（bitch）。但在底特律重听，却发现在说唱音乐里，本地音乐人的情感原汁原味地流露出来，不经任何过滤。

2014年，包括阿姆、大肖恩（Big Sean）、大五舅（Royce da 5' 9"）、千面人（Trick Trick）等在内的底特律说唱歌手齐聚一堂，录制了一首题为"底特律对抗所有人"（"Detroit Vs. Everybody"）的歌曲，作为对前一年城市破产的回应。歌名来自2012年创立的本土成衣品牌，目的是联合底特律的居民并重建市民对城市的骄傲感。

或许，你会想当然地以为抱有这种目的的歌曲应当诉说城市最好的一面，或许就像我在底特律机场听到的滚动播报"底特律所在的韦恩县是旅游、购物、居住的绝佳选择"，又或许像底特律河滨走廊或艺术博物馆的自我标榜：全美最佳。

旅行 △ 铁锈城市

这首歌这样开始：

告诉他们，如果他们想要，他们可以过来
我发誓我爱我的城市，我只想要爱得更少
看着我，他们向我致意，他们还没准备好
底特律对抗所有人

嗯，我咬了一口烂苹果
那些女人会写邮件来确认存在感
现在很多东西变了，他在玩弄我的权威
那就给他几颗子弹尝尝，不再给他炒鸡蛋
……
（我有个问题想问你）你想开车还是想死？
欢迎来底特律，他妈的混蛋
……

　　说实话，我一开始也听得一头雾水，觉得这首歌是在骂我这种外来者，直到离开前的一天才忽然听出了其他意思。
　　那天，我终于一拖再拖后，去了中城的美术馆看墨西哥著名画家迭戈·里维拉（Diego Rivera）创作的巨幅壁画《底特律工业》（*Detroit Industry Murals*）。回来的时候，我体验了底特律覆盖面积很有限的轻轨，而后打车到民宿北边的非裔社区，那儿似乎有一家历史悠久的美国南方家庭餐馆。优步司机绕了一圈才接到我，我一上车，他就解释说自己不是底特律人。等到达之后，谷歌地图给出的情报有误，餐厅没开，下车后，我只能孤零零站在一堆废弃房屋之间，大概像极了惊悚片《它在身后》（*It Follows*）里的某个分镜镜头。司机不放心，他把车开到我身旁，对我说："如果我准备再打车回去，他会守在这里接单。"

我挥了挥手，说："谢谢你，我走回去不远，不会有问题的。"

和迈克尔·奇的段子"你要么开车，要么被捅"一样，大肖恩唱的"你想开车还是想死"也在嘲讽谨小慎微的郊区人和新来者，要是你听不明白，吓吓你也好。不过，这些本土长大的说唱歌手也无意掩盖底特律的高暴力犯罪率，后者主要和毒品以及帮派活动有关，在一些被黑帮占领的街区，很多非裔男性不会活到三十岁生日那天，所以，有一些歌词又是唱给这些绝望的街区的，或自嘲或愤怒："不要担心，那些子弹仍旧会追着你的屁股飞，我仍旧觉得那儿很安全。"

于是乎，这些说唱成了层次丰厚的文本，不同的人群，会听出完全不一样的意思来。更重要的是，这些说唱歌手想告诉外界：底特律不是只有废墟和罪案，这里有着独特的文化，比如音乐，比如时尚，比如戏剧。

也是在最后几天，我才懂得了底特律人之间真正的接头暗号，是民宿房主莫菲以及卖给我《如何在底特律不成为一个混蛋》的书店老板里亚儿农透露给我的。底特律是一座非常讲究时尚的城市，这种时尚尤其强调大胆的撞色。

底特律的流浪汉也深谙这一套暗码，他们会先夸你穿得很漂亮，然后再问，能否给他二十五美分？

被提醒之后，我才发现这么多人穿着如此亮丽的鞋子，我眼中的城市忽然之间也变得五彩斑斓。时尚似乎也不是富人的特权，在快餐店，我注意到里面的员工也喜欢戴色彩鲜艳的首饰。莫菲告诉我，必须赞美他们，因为他们这样穿就是为了得到瞩目！

我这样做了，一个盘着高发髻、戴夸张金色大耳环的非裔姑娘笑得合不拢嘴，她要她的同事们告诉我还应该去探索底特律的哪些地方，隔着防弹玻璃，她要我有任何问题就回来这家热狗店，他们可以帮忙。

载我去机场的司机在东区长大——我问，就是千面人长大的那个区？她说，啊，你也听千面人？

我还没有来得及恭维她的指甲，她就把车载音响打开，我们的车奏响千面人的那首带很多脏词的《欢迎来到底特律》（"Welcome 2 Detroit"），在高速上奔驰。

最大的罪恶
不是我们对彼此做的坏事，
而是那些起初看起来无伤大雅的疏忽。 / 钱佳楠

得州小镇青年

撰文 卢昌婷

序章

后来，每每想起洛杉矶，我总会闻到2020年夏天那个傍晚汤米家后院的炭火味。那炭火味中混合着浓浓的得克萨斯州烧烤香与一点淡淡的大麻叶子气息。汤米的男友帕里奇抽着烟卷，等着肉烤熟。汤米一边用夹子翻牛排，一边感慨道："如果特朗普连任的话，我会严肃地考虑离开美国，永远离开。"

我认识太多排着队想要抽美国工作签或是拿绿卡的人了，还从没听过哪个土生土长的美国人说想要离开。但我知道，他是认真的。汤米是我在美国最好的朋友，来自得州一个叫敖德萨（Odessa）的小镇。在他的讲述里，敖德萨是愚昧而迷信的，人们会在家里挂上一整面墙的十字架和耶稣基督像，会在课堂里教授世间万物都是上帝造的，鄙视同性恋者，反对堕胎，看不起黑人和其他少数族裔，甚至有人向往着回到奴隶社会。那时，乔治·弗洛伊德（George Floyd）的死引发的"黑人的命也是命"运动正在轰轰烈烈地进行着。他的母亲凯西却拿运动的重要口号"我不能呼吸"（I can't breathe）来反对堕胎。很多特朗普支持者给她点赞。汤米感到难过。一边，是他在每天工作的核酸检测点，看到死于新冠的总人数从数十万上升到数百万；另一边，是他的父母兄弟在社交媒体上为特朗普在总统大选中连任摇旗助威。在他的话里，有一种对于家乡深深的恐惧。

"还记得吗？我说过要和你一起去得州公路旅行。如果我们都能熬过这场疫情，如果我还能回到这里，我想去得州，去写写那里的故事。"

"我记得。昌婷，你要相信，我们一定能熬过这场疫情，到那时，我带你去得州！"

他满怀热情地讲起得州，讲这是一年中最美的季节，讲起他前妻洛根农场上的马驹，讲起比洛杉矶更美的落日，讲起卡拉奇（kalach）面包和烤肉……那种热情让我想起我的故乡北京。那是我在洛杉矶的最后一天。那时，洛杉矶的新冠感染率是全美最高的。疫情带走了我的工作，也带走了申请工作签证的可能性。我无法续租，无家可归。汤米在危难之时收留了我，直到我买到回国的机票。然而归期将至，我却被一种恐惧夹杂着怀念的复杂情感占据。

那一刻，我觉得，我们并没有那么不同。

第二天，我独自开着车离开了旅居四年的洛杉矶。再次回来，已是三年之后。我循着谷歌导航上的地址找到了汤米的新家。后院里的烧烤架和大麻叶子让我确信自己没有走错。门没锁。我推门进去，看见帕里奇正在客厅里练瑜伽。

"嘿！昌婷！好久不见！"他站起来，和我热情拥抱，"你在写什么新作品吗？"

已经很久没有人这样问我了。从前在艺术学院的时候，大家见面都是这样打招呼的。

"我……没有。但是，我很快就要和汤米一起去得州公路旅行了。在路上，我会写新的作品的！"

一、"肉桂"的故事

我放下行李，推开车库门，看见汤米穿着厚厚的皮夹克，戴着头盔和皮手套，跨在一辆棕色的老式摩托车上。他对我的出现毫不惊讶，就像昨天才见过我一样。车库墙上挂着好几件皮夹克，还有一张牛皮和其他皮制品。显然，汤米把这里改造成了某种皮具工坊。

我一直有个"车库艺术家"的梦想：梦想着可以和一无所有的艺术家朋友们住在一起，在车库里排练、拍摄，画画，写歌……白手起家，从零开始，创造一切，直到我们的作品为世人所知，直到我们不再穷困潦倒。然后我们买下那个车库，那栋房子，把它变成我们的工作室……我把梦想丢在了洛杉矶。不过好在，有人还住在那个梦里。

"走！上车——向着得克萨斯！"汤米热情地喊。

我瞥了一眼这辆摩托，对即将到来的公路旅行感到担忧。

"别担心——我开玩笑的！我们可以开我的克莱斯勒。"汤米带我来到车库外，指着路边一辆很旧的车说，"这是'肉桂'！"

"肉桂"是一辆很老的车，座椅是皮质的，反光镜是用黑色胶带粘起来的，窗户摇下来的时候有吱吱的声音，后屁股上撞了两个坑。它曾经跟了汤米的奶奶二十年。二十年间，它一步没离开过敖德萨。每天做的事情无非是：去买菜，去教堂，回家。奶奶给它取名为"肉桂"。没有人知道为什么——也许是她很喜欢吃肉桂卷吧。但汤米不喜欢吃肉桂卷，也不喜欢他的奶奶。所以他有时就只叫它"克莱斯勒"。

汤米厌恶这辆车，正如他厌恶敖德萨的一切。也许"肉桂"也早已厌倦了敖德萨的一切。多亏了汤米，它才得以离开那里。其实，它是一辆挺好的车，除了方向盘有点歪、油耗有点大之外，开起来没有任何问题。而且它还有可以播放磁带、随时切换四盘CD的车载音响。适合跑土路的高底盘。能在交通事故中保主人一命的稳重车身。甚至汤米有一天都不禁在和母亲的电话中感慨："你知道么，开得越久，我越觉得这车也没有那么糟糕了。"尽管如此，他依然打算这次的公路旅行一结束，就把"肉桂"卖了。不过，至少在被卖掉之前，"肉桂"能跟着我们一起跨六个州旅行，这大概是它有生以来做过的最酷的事了！

二、摩门教徒的故事

"中国人不管走到哪里都要带上一个电饭煲。"我告诉汤米。在堡威湖（Lake Powell）营地，他惊讶地看着我从后备厢里掏出一个电饭煲和两袋老坛酸菜牛肉面，疑惑地问我打算怎样把它们煮熟。

"就用这个！"我指着电饭煲。我在营地的厕所里给电饭煲插上电，等它慢慢把方便面煮熟，然后把一锅热腾腾的面端到汤米眼前。

就在我们吃面的当口，隔壁营地的一家人开着一个车队，浩浩荡荡地离开了：两辆小汽车、一辆房车、一辆拖着船的拖车。汤米白了一眼他们，问我有没有注意他们有几个孩子。我说我没数，但总之应该是有很多。

"九个——你能想象吗：九个孩子！"

我告诉汤米，在我父母的年代和我爷爷奶奶的年代，中国有很多家庭会生这么多孩子，人们以"多子多福""人多力量大"为荣。到了我这一代，家家都要执行"计划生育"政策，我们从小接受的教育会告诉我们生这么多孩子是落后、无知的。

"你接受的教育没啥错，"汤米说，"看看吧，这里是犹他，遍地都是落后无知的有钱人。"

我环顾四周，湛蓝的堡威湖近在眼前，犹他州的红色巨石伫立在湖对岸。在我看来，这是一片迷人的土地。

"为啥说犹他遍地都是落后无知的有钱人？"

汤米的回答出乎意料："因为这里有太多摩门教徒了。"于是，在我的追问下，汤米讲起了摩门教徒的故事：

"大概在19世纪早期，没有人愿意处理摩门教徒的事儿，因为他们坚持一夫多妻制，他们传教宛若传销。所以人们就把他们赶到鸟不拉屎的犹他去了——那时候这里还是一片荒地。不过摩门教有一个'天堂'的概念。有一个有名的教徒告诉其他教众说犹他州就是传说中的'天堂'，是上帝应许给摩门教徒的土地。那些摩门教徒把原住民赶走，说这些地是他们自己的，开始在这里耕种、生活。"

"所以摩门教完全是美国人发明的？"

"对的，完全是美国人的发明。有一个叫约瑟夫·史密斯（Joseph Smith Jr.）的人，他声称大天使盖比埃尔给了自己一些铭刻着上帝旨意的金页片，他用一块魔法石和他的圆顶礼帽破译了页片上的铭文。铭文说耶稣基督并没有死在十字架上。他活下来了，而且来了美国，开始教育美国原住民。这个约瑟夫·史密斯把上帝的旨意写成了《摩门经》，带着一帮信徒，创立了摩门教。这些信徒也读《旧约》《新约》，但最重要的还是《摩门经》。后来，人们在犹他的地底下发现了石油。这些在犹他有地的摩门教徒就突然成了富豪。他们什么都不用干，就养娃、买游艇、度假就行了。"

从"魔法石和圆顶礼帽"起，我就开始怀疑汤米在胡编乱造了。如果摩门教徒连这都能相信的话，也许他们的确是"落后无知"的。我对摩门教仅有的认知来自音乐剧《摩门经》(*The Book of Mormon*)。上大学的时候，我排演过《摩门经》的片段。那里的摩门教徒都穿着宛若保险推销员的制服，胸前佩戴着写有"耶稣"字样的名牌，称呼彼此为"兄弟"或者"姐妹"。

"那个音乐剧其实挺写实的。不仅是外套，摩门教甚至对教徒的内衣制式都有要求。"据汤米说，摩门教徒必须贴身穿上纯白的"神圣内衣"。内衣沿用19世纪制式，分为一件圆领短袖衬衣和一条到膝盖以下的中裤，看上去穿着会很不舒服。摩门教徒从第一次参加教堂仪式开始穿"神圣内衣"。摩门教堂也是纯白的，象征着信仰的贞洁。

"小时候，我总幻想着有一天可以勾引一个虔诚的摩门教徒，把他的'神圣内衣'脱下来，在摩门教堂的角落里大干一场。然后趁他睡着的时候把他的'神圣内衣'偷走，回家挂在墙上，当作战利品。"

我告诉汤米，也许我会把他的幻想写成故事的——就像约瑟夫·史密斯把自己的幻想写成了《摩门经》一样。只要故事足够精彩，幻想就能成为信仰。

三、"麦克"·戈丁的故事

在纪念碑谷（Monument Valley）附近，"戈丁"（Goulding）这个姓氏无处不在。地图上只有一家像样的餐馆，叫"戈丁的驿站马车餐厅"，餐厅对面是"戈丁旅舍"。整座建筑物建在一个靠近岩壁的山坡上。山坡是方圆几公里内地势最高处。坐在靠窗的位置上，整个纪念碑谷尽收眼底。一番狼吞虎咽之后，我们在餐馆外找到了一块石碑，上面刻着："这个小镇由哈里和麦克·戈丁建立。"我们被这个"麦克"·戈丁吸引住了。第一眼看上去，我还以为这是一对同性伴侣。但在纪念品店翻阅一本讲哈里和"麦克"的书时，我才发现这个"麦克"是一个女人。她的丈夫给她取名"麦克"，带她来纪念碑谷。那时，这里还是一片无人知晓的荒地。

晚上，我在露营地上网，阅读我能找到的一切关于"麦克"和纪念碑谷的故事。直到在我的想象里，她开始对我讲话。

* * *

我的本名叫莱昂内·尼（Leone Knee）。很少有人这么叫我。他们叫我"麦克"。"麦克"这名字，是我丈夫取的。因为他不会写"莱昂内"三个字。他是一个牧羊的牛仔，没念完高中就去打仗了。战争结束后，他回来继续替联邦政府放羊。我们就是在那个时候认识的。有段日子，他骑着马，赶着羊，四处跑。我们只能靠书信联系。就是在那些信里，他开始管我叫"麦克"的。他写道："亲爱的，你的名字太难记了，我还是叫你'麦克'吧——这个名字我忘不了。"我回复："好。"

后来，在我十八岁生日的时候，他问我愿不愿意嫁给他，我说了一样的话："好。"他说要带我去世界上最美的地方。他讲不清楚那个地方具体在哪里，怎样美。也许那个地方只存在于他的梦里。不过，我依然说了"好"。那个时候，我只想离开杜兰戈（Durango）。

留在杜兰戈是没有希望的。杜兰戈被冶炼厂占据。父亲以为到冶炼厂当工人能赚更多的钱。结果钱赚了不到十年，人就没了。那些冶炼厂，即使从远处经过，也能闻到一股刺鼻的味道。如果留在杜兰戈，我只能再嫁一个冶金工人，生上两三个孩子，等丈夫四十多岁死了，再当一个寡妇。我不想过母亲那样的生活。

两周之后，我们结婚了。一个月之后，我们搬去了"那个地方"。哈里没骗我——这个地方真就是世界上最美的地方。我从来没见过这样的景色——一块块红色巨石孤零零地矗立在旷野中，像一座座纪念碑。对，是我开始管这里叫纪念碑谷的。后来，大家都这样叫了。我们站在空荡荡的旷野中。哈里牵着我的手，问我："喜欢么？结婚礼物。"我不明白他在说什么。他买下了这块地。你能相信吗？他从犹他州政府手里买了640英亩地，只花了320美元！当然了，这对于那个时候的我们来说，也是一笔不小的钱。可现在讲起来，谁能相信我们只花了320美元，就买下了纪念碑谷附近的640英亩土地呢？

我们在自己的土地上开始了新生活。一开始我们一无所有，住在帐篷里。后来，我们有了自己的羊群。第二年，我们在这里建了自己的房子，一层是一个杂货铺，二层我们自己住。再后来，我们在小房子对面加盖了客房，供朋友和过路的旅客歇脚。有一回一个摄影师还背着一台很大的相机来拍照。照片洗出来的时候，连我们都为照片上的风景惊叹。不过，他们很难想象每天住在这儿。我和哈里倒是没觉得这里艰苦。我们就像两百年前开拓新大陆的航海家一样，沙漠就是我们的海。

最开始几年，一切都在往好处走。然后我们遇上了大萧条。杂货铺没有顾客了。也很少有外面的人来这里住宿。我们觉得再这样下去不行，得想个法子创收。我的亲哥在好莱坞当特技演员。我给他写信，问他会不会有人愿意来纪念碑谷拍电影，这里真的很美。他说他听说联艺电影公司（United Artists Corporation）正在为约翰·福特（John Ford）的新片子勘景。我告诉哈里，哈里很坚决，说我们一定要把这个约翰·福特带过来。他甚至没看过约翰·福特的电影，就从家里抄起一本纪念碑谷的相册，带上我，开着车直奔洛杉矶。

我们抱着那本相册走进我哥家的时候，他以为我们疯了——那可是约翰·福特啊！好莱坞最炙手可热的大导演！哈里没有任何"计划"或者"预约"，就想去找他！哈里就是这样一个人，他认准的事情，就一定要做到。我们挤在我哥家的沙发上听他讲福特的电影。哈里越听越激动，越听越觉得他一定得把福特带来纪念碑谷。第二天一早，他踌躇满志地走进了联艺电影公司，我在车里等他。

哈里进去了很长、很长时间，长到我已经织起了毛衣。但等得越久我越安心，越觉得他此刻一定是已经见到了约翰·福特，在给他看纪念碑谷的风景，讲那片土地的故事了。哈里出来的时候已经是下午。福特的制片人跟在他身后。他已经在跟哈里谈论剧组需要有多少人来，需要有什么样的地方住，吃什么东西了。我告诉制片人福特可以住在我们家里。至于其他人，最方便的办法是住帐篷——不用担心，我和哈里的蜜月就是在帐篷里度过的。

几个礼拜之后，《关山飞渡》(*Stagecoach*)剧组的一百来号人出现在了我家门外——我们这儿可从来没接待过这么多客人，更何况其中还有约翰·韦恩（John Wayne）！不过，就算是大明星也得住帐篷。根本不可能在这么短的时间内在沙漠里建起能住下一百号人的房子。我和哈里一起去找本地的纳瓦霍人（Navajos）帮忙。当我跟他们说来当一天群演可以拿五美元，如果演骑马的角色可以拿八美元的时候，他们都高兴极了。我还找了很多纳瓦霍女人跟我一起给剧组做饭——总得有人把这一百多号人喂饱啊，这样的事儿，还得交给我们女人来做。

看到大明星出现在家门口很神奇。但更神奇的是看见家门口的巨石出现在大银幕上。不只是《关山飞渡》，还有《侠骨柔情》(*My Darling Clementine*)、《日落黄沙》(*The Wild Bunch*)……现在，"纪念碑谷是世界上最美的地方"再也不是只有我和哈里知道的秘密了。我们在家旁边盖了正经的旅店，能住下一百人的那种。给好莱坞来的电影剧组打工，也成了纳瓦霍人最赚钱的工作。

旅行 ◬ 得州小镇青年

　　沙漠像一望无际的大海，把人隔绝在孤岛上。在这里，你很容易忘记外面发生的一切。这里的一切都是欣欣向荣的。如果不打开收音机，你甚至根本不会意识到外面正在打着"二战"，也根本意识不到我们国家在日本扔了两颗原子弹。我万万没想到原子弹这事儿会和我们有什么关系。但在战后，铀矿成了最值钱的矿石。哈里觉得新机会来了。他在报纸上看到了铀矿石的照片，其中有一种看起来像是在血红色的晶体上开出了亮黄色的花。哈里觉得这种矿石在纪念碑谷的什么地方见到过。于是他从外面买了盖革计数器，给当地人看铀矿石的照片，鼓励大家去找，说找到就能卖出大价钱，比金矿还值钱。有一天，两个纳瓦霍人拿着几块黄色的石头来找我，说他们找到了"黄糕"。哈里听了很激动，拿出盖革计数器来测——真是铀矿！从那以后，纪念碑谷除了来拍电影的人，还多了来挖矿的人。成吨的铀矿石被开采出来，拉到杜兰戈的冶金厂炼化，然后再被送去制造原子弹。

　　我不喜欢这门挖矿的生意。哈里也知道铀矿石对身体有很糟糕的影响。可我们从铀矿石的生意中赚了很多钱。到最后，我觉得不能再这样下去了。我跟他来纪念碑谷，是为了离开杜兰戈。可是现在，我们把纪念碑谷变成了杜兰戈的采矿场。我们送进杜兰戈的那些矿石还会让更多像我父亲那样的工人死去。终于，1962年，我们决定离开纪念碑谷。我们开着车往杜兰戈的反方向走,最终决定在靠近堡威湖的帕芝镇(Page)住下,在那里一直生活到哈里离世。

哈里死后,有人问起为什么他给我取名叫"麦克",我才开始认真思考这个问题。是啊,如果他只是想找个拼写简单的名字,他本可以叫我"梅"或者"玛丽"之类的。可是他用了"麦克"——一个经典的美国男孩名。大概每一个牛仔的内心深处都向往找到另一个牛仔作为伴侣吧。一个可以像男人一样和他骑马、冒险、牧羊,又可以像母亲一样为他洗衣做饭的人。他很幸运找到了我。我也很幸运,遇到了他,度过了这么精彩的一生。

* * *

第二天,汤米和我回到了纪念碑谷纳瓦霍保留地。许多年过去了,纪念碑谷和哈里·戈丁与莱昂内·尼照片里的样子相差无几。和那时一样,你得在土路上以不超过十迈的速度开车,才能抵达纪念碑谷的深处。我能理解为什么福特和他的制片人会爱上这片土地。这里的地貌本身就是世上最精彩的舞台设计。这样的舞台能把任何一个人塑造成英雄。对于我这么个"外国游客"来说,纪念碑谷已经成了美国西部最"出片儿"的知名景点。令我没想到的是，连汤米这个土生土长的美国人，在看到纪念碑谷里一匹用于摆拍的马时，也变得像个游客。他坚持要花上十美元骑上这匹马，到约翰·福特的电影拍过的场景里摆拍。

"对你来说，纪念碑谷意味着什么？"我问汤米。

汤米的回答是一个我从未听说过的词语："意味着'天选之命'[1]。"

四、"天选之命"的故事

在离开纪念碑谷的路上，汤米跟我讲起了"天选之命"的故事。

"'天选之命'是早期开拓者们的一种信仰，他们相信去开拓没有基督徒定居的土地是上帝赋予他们的使命。"

"等等，开拓者们[2]又是谁？"

"就是最早从英国来美洲大陆的那批人，独立之后从东部沿海向西开拓美国领地的那些人，那些牛仔，殖民者。"

汤米到最后才说出那个词：殖民者[3]。在美国的历史书

---

1 英文为"manifest destiny"。
2 英文为"settlers"，一说译作"拓殖者"。
3 英文为"colonizer"。

里，他们管那些人叫"开拓者"，而不是"殖民者"。"殖民者"被用来指代从欧洲大陆而来、发现并占领了美洲新大陆土地的人。从这个视角来看，在美国独立战争之后，这片土地上的殖民统治就结束了。然而实际上，这只是殖民统治的开始。从大英帝国独立出来的美国只占现今美国国土面积的不到十分之一。余下的百分之九十以上，都是通过"开拓者"们的努力获得的。同样的一批人带着"开拓者"这个新身份，从东海岸出发，骑马携枪，一路向西，把越来越多的土地纳入"美利坚合众国"的版图：路易斯安那，得克萨斯，俄勒冈，加利福尼亚，科罗拉多，犹他，新墨西哥，亚利桑那，阿拉斯加……汤米告诉我，在几乎成为美国国歌的《美之国度》（"America the Beautiful"）里有一句歌词，叫"从一片海到另一片闪光的海"[1]，说的就是从大西洋到太平洋的开拓。西进运动在那些基督教"开拓者"们看来，是实践上帝的意志。而对于美洲原住民来说，则是赤裸裸的侵略，是灭种之灾。甚至连太平洋也无法阻挡这个新政权扩张的脚步。1898年，夏威夷成为美国领土。再往西走，就到了中国历史书里令人熟悉的桥段了：1900年，俄、英、美、日、德、法、意、奥匈八国联军从天津港杀到北京。在另一片大陆上，曾经的殖民地政权成了殖

---

[1] 英文为"From sea to shining sea."。

民者。在他们眼里，侵略并不是掠夺，而是把更先进的基督教文明带到一片落后的旧大陆上，就像他们的祖先曾经把文明带到美洲新大陆一样。

汤米认真地听我讲了美国在中国殖民的历史。在他小时候用的历史课本里，根本就没有八国联军侵华的事情。很多得州人压根不知道这件事曾经发生过。在一些保守的基督教地区，直到现在还有很多人相信"天选之命"，认为自己是光荣的开拓者们的后裔，在蛮荒的土地上建立了信仰基督教的先进文明。在这样的环境里长大，哪怕现在的汤米已经看穿"天选之命"是一个自欺欺人的谎言，在提到那些人的时候，他也还是会下意识地使用"开拓者"而不是"殖民者"来称呼。

"所以说，为什么纪念碑谷对你来说会意味着'天选之命'呢？"

"因为纪念碑谷已经在那些好莱坞电影的塑造下，成了美国牛仔精神的象征。"

我望着后视镜里渐渐远去的纪念碑谷，尝试理解汤米的意思。美国牛仔精神的本质正是"天选之命"——牛仔们相信上帝交给他们的神圣使命就是去开拓新的土地。这是某种古老的欧洲中世纪十字军精神的延续。他们怀着宗教的热情驯服土地——因为"我们发现的所有土地都是上帝赐予我们的"。而约翰·福特拍摄的那些经典好莱坞西部片，把征服土地的牛仔变成了英雄，让身陷冷战的美国人沉浸在某种民族自豪感中，坚信美国精神可以征服世界。从这种意义上讲，纪念碑谷把19世纪的殖民主义变成了20世纪的帝国主义。

直到这一刻，我才终于理解小时候在小说《飘》里读到的那句话："土地是世界上唯一值钱的东西啊！世界上唯有土地这东西是天长地久的，这你要记得！唯有土地这东西是值得忙碌的，值得战斗的——值得拼死的。"[1]

五、圣诞家书的故事

"肉桂"驶进科罗拉多州之后，风里的尘土味好像突然散去了，取而代之的是草叶的清新气息。视野里红色的巨石也变成了绿色的山谷。收音机能搜到乡村音乐的电台。就连电台里播放的音乐也带着一种山谷和草地的气息。我们的露营地在杜兰戈附近的一个农场里。农场上放眼望去尽是绿油油的小麦和玉米，和我在华北平原见过的农田看上去没什么区别。我们在田间营地支起了帐篷。

在帐篷里，汤米掏出一个装满信件的盒子，给我看他的"圣诞家书"。圣诞家书是汤米家一年一度的传统。他

1　参见 [美] 玛格丽特·米切尔：《飘》，傅东华译，浙江文艺出版社，2019年。

的母亲凯西会写一封信,综述所有家人过去一年内的主要成就,并把这封信寄给家族所有的亲戚和朋友。汤米十分沮丧地告诉我,他与男友帕里奇在一起两年了,但母亲从未在圣诞家书中提及他。而以往,家人的亲密关系变动总是那些圣诞家书的重要内容。在2017年的圣诞家书里,关于汤米的只有短短几句:

"托马斯顺利地度过了他在CalArts[1]的第二年。他担任制作经理的《海鸥》成功上演。年中,一场名叫托马斯的山火烧到了托马斯的住处附近,他和他的室友被疏散了。不过上帝保佑,他们最终安全而归。"

我问汤米为什么凯西要花其中一半的篇幅写一场山火。他不知道。

我又读了几遍,突然明白了凯西的"春秋笔法":"其实,你母亲提到了帕里奇——你看,她说了'他和他的室友',不是么?"也许这就是为什么他母亲要花一半的篇幅去写一场山火。她没有办法理解、认同她的儿子。可是她依然以一种安全而隐晦的方式把这个儿子很在意的人写进了圣诞家书。汤米若有所思。

三十岁那年的圣诞节前,汤米的妻子洛根向他提出离婚。她希望能给他自由。在那之后,他决定向家人坦白自

---

[1] 加州艺术学院,全称为"California Institute of the Arts"。

己的性取向。在那年的圣诞家书中，母亲的措辞是："托马斯的人生中出现了一些变化，他即将和洛根分开，搬去加州攻读艺术硕士。"在母亲的故事里，洛根向汤米提出离婚这件事，仿佛从未发生。圣诞节后，汤米给哥哥乔埃写了信。哥哥假装没有收到这封信。半年以后，他把原信件的底稿又给哥哥寄过去了一回。这一回，哥哥把原信件退了回来，回信说他拒收，因为相信这封信是别人冒充他弟弟的名字写的。他说他很忙，忙着经营父亲的产业，忙着养育两个孩子，没空搭理这样的"无稽之谈"。

"我第一次失去处子之身，是和我哥哥。"汤米说，"我以为他会比其他人更能理解我的性取向。"

我愣住了。难道他哥其实是同性恋吗？难道他是因为害怕暴露出自己的本性，才装作对弟弟的性取向视而不见吗？我想到《天使在美国》（*Angels in America*）里，罗伊·科恩（Roy Cohn）的经典台词："罗伊·科恩不是同性恋，罗伊·科恩是一个和男人上床的异性恋者。"[1]汤米的哥哥，会是一个像罗伊·科恩那样的人吗？

"我真希望没有哥哥。"

我告诉汤米，如果他真的没有兄弟姐妹，是家里的独生子，也许他就会羡慕那些有哥哥的人了。毕竟，不论他

---

[1] 台词由作者根据英国国家剧院2017年版话剧剧本所译。

现在有多怨恨他哥，他之所以可以从得州一走了之，到洛杉矶开始新的生活，是因为他有一个哥哥在得州，可以在父母年迈时照顾他们。而我们这一代中国人，大部分都是独生子女。在我们选择去哪里、做什么时，是一定要考虑对父母的影响的。

"2020年我在离开美国前去找一个喜欢的男生道别，在考虑要不要摘下口罩的时候，我想的是万一他有新冠，我被传染了，不幸重症身亡，那谁能来给爸妈养老。"

"那一定是很大的压力。"

我曾经以为，父母和子女之间不管有多深的代沟，都可以随着年龄的增长而化解。然而，汤米的故事总让我不禁感慨也许有一些鸿沟是无法逾越的。在他父母的眼里，汤米的人生是失败的：三十五岁，离异，没有固定工作，账户里只有两千块钱。而他之所以失败，是因为背离了上帝的意志，没有以一个虔诚基督徒应有的方式生活。他的父母每周日都会在家族教堂里为他祈祷，祈祷上帝可以宽恕他的罪恶，引导他走回正确的道路上。

"你能想象你的父母每天要为你的罪恶祈祷的感觉吗？而你所做的一切，不过是去爱，去生活而已。"

/ 李希霍芬

你们看,
我又全身心投入到旅行当中了。
这样最好,所有之前的痛苦挣扎都已经过去了!

六、洛·吉农场的故事

整个得州之行中,汤米最开心的一站就是洛根的农场。从达拉斯(Dallas)去奥斯汀(Austin)的路上,汤米兴致勃勃地在一个捷克移民小镇停下来,买地道的卡拉奇面包,说可以带去农场给洛根一家吃。在离农场最近的城市梅森(Mason),我们在当地最大的超市停下来。汤米开心地从冷柜中挑选最好的牛排,从货架上挑选他和洛根当年在欧洲最喜欢吃的意大利面。结账之前,我们还拿上了两瓶葡萄酒,一瓶白的,一瓶红的。

"食物是你能带给他们最好的礼物。他们在过着的,是真正的农民生活。"

汤米至今和洛根一家保持着很亲密的关系。两年前,洛根生孩子的时候,汤米回农场住了两个礼拜,帮洛根照看农场上的动物。现在想来,与洛根的离婚对汤米来说,是一个新的开始。

"肉桂"穿行在被茂盛的草丛和灌木覆盖的绿色平原中。偶尔能见到被开垦的玉米地。路边最常见的牌子是"小心有鹿"。在这个地带,最常见的交通事故是撞上鹿。如果不小心撞上,万一车速高,有可能会发生鹿死人亡的惨剧。因此,天色昏暗的时候,坐在副驾上的人需要时刻帮司机留意着周围是否有会跳上公路的鹿。拐进洛·吉农场的第一道门后，两头正在吃草的鹿抬起头看了我们一眼，然后优雅地跳开了。我们沿着泥泞的土路开到第二道门。一只德国牧羊犬兴奋地等在那里迎接我们。

"嗨！库姆斯！"

汤米和库姆斯一样兴奋。库姆斯是他和洛根养的狗。两人分居多年，它依然记得汤米的气息。听见库姆斯的叫声，洛根和吉尔从农舍里走出来。洛根穿一件墨绿色的背心，牛仔裤，顶着帅气的寸头。吉尔把两岁的卡卡抱在肩头，跟在洛根身后。他们热情地笑着。汤米停好车，走过去和洛根拥抱。

对于我这样一个从小在大城市里长大的孩子来说，农场上的一切都是新奇的。小时候，如果周末爸妈有空带我去樱桃沟玩水，我就会觉得是令人兴奋的出游。而卡卡每天都可以跟着爸爸妈妈跳进自家农场的河里游泳。小时候的我只能在动物园里和动物接触，而卡卡每天推开门就能看到外面的五匹小马驹，能帮妈妈把牧草喂给小山羊。有天早上，我跟着洛根一起去给山羊挤奶。把小羊羔抱在怀里的时候，我感到无比的幸福：一个温暖的、毛茸茸的、跳动着的生命就这样依偎在你怀里，信任你不会伤害它！唯一让人有点不习惯的是他们上厕所的方式：没有马桶。人们会把屎尿撒进一个桶里，在桶里撒一些枯草土盖住味道。等之后把桶拎到田里，那些排泄物可以当作上好的肥料用。在农场上,一切废物都被当作资源看待。每天吃完饭,我们会直接把盘子拿给狗舔。农场上的厨余垃圾总是很少。最浪漫的是农场的夜。正值雨季,雷暴来临的时候,闪电劈开夜空,用转瞬即逝的紫色光芒刺破整个平原的黑暗。雨过天晴的夜晚,银河高悬头顶,星辰伴我入睡。

卡卡的成长环境是一种我难以想象的乌托邦。他是个男孩,但洛根坚持用中性代词"they"而不是男性代词"he"来称呼他,也不限制他穿裙子。洛根和吉尔认为,孩子有选择自己性别认同的权利。除了英语外,洛根会对卡卡讲德语,吉尔会对他讲西班牙语。他们希望卡卡能从小沉浸在多种语言环境里,自己学习。"孩子有自己学习语言的方式,"洛根说,"孩子比我们聪明很多。"他们决定以后不把卡卡送去幼儿园、小学、中学,而是在干农活的间隙在家教卡卡一切他想学的东西:喂鸡回来,洛根带卡卡读上两本画册,喂马回来,吉尔弹着吉他教卡卡唱两句歌……汤米告诉我,洛根以前是特别优秀的学生:她能在敖德萨最好的高中考年级前十,也一定能教好卡卡。

洛根说,如果我在得州长大,见过得州的公立学校是什么样子的话,我就会理解,她选择的教育方式是唯一可行的教育方式。

洛根从很小的时候就知道自己不想做个女孩。在敖德萨,做个女孩，意味着人们只会期待你甜美、温柔、擅长做家务、懂得如何做好一个妻子和一个母亲。可洛根想做一个英雄：像西部片里牛仔那样的英雄。她把自己打扮成一个假小子：穿衬衫牛仔裤，剪寸头。父母支持她。但在学校，她被孤立：女生不和洛根一起聊八卦，男生也不带她一起打球。在得州，公立学校都崇尚体育，而体育，大都是男孩子们的战场。洛根想要杀进这个战场。她苦练网球，成了学校网球队的主力，代表学校在市里的比赛拿了冠军。那一刻，她觉得自己好像真的成了一个英雄。然而渐渐地，她练球的时候觉得整个手臂都在痛。她所受的教育告诉她坚持下去，才能取得胜利。于是她继续打球，直到再也挥不起球拍。那时，她去医院检查，发现自己的肩关节和肘关节已经损伤严重，再不停下，就要手术治疗了。多年以后，她觉得很奇怪：为什么她的父母就没有想过让她停下呢？为什么连她也没有想过停呢？赌上自己的健康，去争几个无意义的荣誉，值么？

有很多洛根曾在学生时代拼命去做的事情，现在看来都是毫无意义的。和中国一样，得州的公立学校也有"重点班"和"普通班"之别。洛根成绩优异，从小学到高中都考进了重点班。有一天，她突然意识到，在重点班里的学生几乎清一色都是白人，有少数几个拉丁裔的学生，没有一个黑人。历史书告诉我们，种族隔离在1954年就被废止了。然而，看着眼前的重点班同学们，她又怎能说这不是种族隔离？诚然，重点班与普通班是按照成绩划分的。可是，成绩到底意味着什么呢？绝大多数考试考过的内容，在洛根后来的人生中派不上任何用场。有些东西在她现在看来，甚至是错误的。得州的公立学校的老师会在讲达尔文进化论的同时介绍许多质疑进化论的神学理论，好像生物进化只是某个小众学者的思想实验，上帝造人才是经受过时间考验的真理。在这里，你需要学六年的得州历史，三年的美国历史，而世界史基本上是一片空白。除了一点古希腊古罗马的历史，一些"一战""二战"的历史，其余的都不会被考到。如果考试内容本身是无用、甚至错误的，那么获得更高的分数，是否意味着被一个有问题的教育体系毒害得更深？用这样的考试分数把人分三六九等，岂不荒谬？

"更荒谬的是，更高的分数把我们输送往更好的学校，更好的学校把我们从小镇输送往城市、城市中那些只和数字打交道的高收入岗位。在那里，我们进一步远离土地，远离现实，作为既得利益者继续默许种族隔离的存在。"洛根告诉我。这也许是她大学毕业后决定回到家族农场当个农民的重要原因。

小时候，她每个假期和父母一起来农场待一段时间。在那里，她可以在土路上奔跑，躺在草堆上看星星，跳进河里游泳，爬上树摘桃子。对她来说，农场是远离敖德萨的乌托邦。土地不会要求你每天从早到晚坐在教室里，不会区分你的种族、性别。只要你劳作，土地就会给你回报——真实的，可以吃进肚子里的回报。后来，她去意大利向那里的牧羊人学会了如何养山羊，如何制作最美味的羊奶奶酪，再用这些奶酪和周围的其他农民换蔬菜、水果。凭这些本事，她在家族农场上有了最初的收入。后来，她又把农场的一部分变成露营地，通过"嬉皮营地"创收。

洛根相信，如果有可能改变，改变应当从离土地最近地方开始。洛根在农场的"嬉皮营地"主页上写着："这片营地欢迎不同种族的人，欢迎LGBTQ人群。"他们在农场的正门上挂着彩虹旗，而附近最常见的旗子上写着"特朗普2024"。洛根和附近几家用"家庭学校"方式养育孩子的人共享育儿知识。她也不知道这样长大的孩子会是什么样，会不会遇到什么新的问题，但她相信，卡卡可以成长得比她当年更快乐，更自由。

"这真是一种先锋的生活方式！"我赞叹道。

"可这其实是更古老的生活方式呀！"洛根说。现代学校是随着工厂的产生才出现的。每天八小时坐在教室里的教育方式，就是对工厂流水线的模拟。小时候经常在练习册扉页看到"教师是人类灵魂的工程师"这句话——现在想来，如果教师是灵魂的工程师，那么灵魂岂不是流水线上的零件？也许这正是现代学校体系的本质：把灵魂当作零件来加工。

久而久之，我们甚至忘记了，在此之前的漫长岁月里，在人类历史中大部分的时间里，学习从不发生在学校里。

七、清水庄园的故事

住在洛·吉农场的某一天，我和汤米开车去最近的梅纳德镇（Menard）上唯一的酒吧喝酒。聊天的间隙，我在靠窗的吧台上发现了几本旧日的节目册。那是一部名叫《白银之歌》（*Song of the Silvers*）的乡村音乐剧。我翻阅起那几本节目册，发现《白银之歌》简直踩中了所有被大城市里的人们视作"政治不正确"的点：由白人扮演的印第安人，被浪漫化的殖民主义，被当作工具的女性……然而这个故事，在此地是家喻户晓的：传说中的牛仔英雄吉姆·鲍伊听说梅纳德的印第安人手里有白银，他觊觎这些白银，于是利用自己的翩翩风度勾引了一位墨西哥女人，娶她为妻，在她的帮助下打入印第安部落内部，找到了消失的白银，然后挫败了印第安酋长之子的谋杀计划，带走了他们的白银。

我正打算把这个故事批判一番，不料汤米面不改色地给我讲了这个故事的后半段：吉姆·鲍伊把白银藏在了一个只有他自己知道的地方，然后匆匆赶回了圣安东尼奥（San Antonio），在那里参加了阿拉莫教堂战役，在战场上英勇牺牲。鲍伊死后，那些白银被藏在了哪儿成了一个未解之谜。许多年间，无数探险者试图在梅纳德的土地上找到鲍伊留的白银，但都无疾而终。洛根的父亲一家人相信，鲍伊的白银就藏在清水庄园地下的某个角落。

"清水庄园是什么地方？"

"噢！那是洛根祖上的庄园。"

第二天，我坐在"肉桂"里，跟着吉尔的皮卡，开进了一道铁门。铁门里面的世界和外面截然不同：路是规整的，草是修剪过的，树的位置像是被设计过的。恍惚间我感觉自己来到了欧洲，开进了某个贵族的私人宅邸。我们沿着鹅卵石小路开到一栋双层别墅前。开门的是一个瘦削而高挑的中年男人，他很热情地和洛根拥抱，和我握手。他叫查理，是洛根的叔叔。汤米告诉我，如果我想了解清水庄园的故事，查理是最清楚的那个人。我跟着查理和洛根一家跳进了清水庄园的池塘里游泳。和农场上的小溪不同，这里的水清可见底。在炎热的盛夏，水温依旧冰凉。水不深，脚可以踩到底下的鹅卵石。我站在池塘里听查理讲起了清水庄园的故事。

查理·贝尔家族的祖先来自西班牙。几百年前，他们家的祖先买下了这附近很大一片土地。他们在圣萨巴河（San Saba River）河水最清澈的地段建了这座庄园，在庄园的上游和下游建了两座小水坝，形成了这方清澈恬静的池塘，在池塘周围按照西班牙古典园林的风格种了花草树木，建造了这座美丽的双层别墅，又在池塘对面开辟了一片猎场，在猎场里建了一座小屋。最多的时候，贝尔家族三代十四人都住在这里。初代庄园主死后，贝尔家族的后代们各自分到了一些土地。清水庄园则成了家族财产，由长子管理，家族成员们共享。到了查理这一代，家族中的很多人已经不像从前那么富有了，清水庄园也不再有人常住。再后来，有一个纽约银行家看上了这座庄园，他开出了天价，想要买下这里。一开始，查理和家人都不同意。但是渐渐地，亲戚们开始禁不住金钱的诱惑。毕竟，他们过着农民的生活，需要钱来修房子，买牲口。终于有一天，他们决定把清水庄园卖了，但给自己保留了猎场小屋。这样，偶尔想要回清水庄园的时候，他们还可以住在那里。

但是过了几年，那个银行家便不知足了。他不喜欢看到贝尔家族的人依旧能把清水庄园当作自己的地盘，他想把那座猎场小屋也买下来。这样，清水庄园的一切便都是他的了。那个时候，汤米曾经认真地想过说服他的父亲出钱买下那座猎场小屋，只为了让洛根和她的家人可以继续来清水庄园度假。但那是在洛根和他离婚之前的事了。最后，查理和纽约富豪谈了一个条件。他们同意把猎场小屋卖给他，但是，未来五年内，每年有两周的时间，贝尔家族的人可以免费来清水庄园。富豪答应了他的条件，甚至慷慨地提出那两周的时间里他们可以来别墅里面住。我和汤米来的时候，正好赶上他们约定的那两周。

如果有人想去清水庄园庆祝某个重要日子的话，他们可以在Airbnb上找到这里，租一晚上要2500美元左右。据说，富豪曾在自己的儿子考上常青藤大学的时候，在清水庄园大宴宾客。来自纽约上流社会的男男女女穿着高定礼服"空降"梅纳德镇，古老的别墅彻夜灯火通明，香槟塔里装满了顶级酒庄的藏品，仆人端着米其林餐厅名厨的手艺服务每一位客人。即使是殖民时代的西班牙总督莅临也不过如此。清水庄园想必已经很多年没有见过这样的盛况了。不过，除此以外，那位富豪其实很少来清水庄园。我不理解一个人为什么要花这么多钱买一座自己很少来住的庄园。而汤米轻描淡写地告诉我："因为他有这个能力。在有钱人看来，这就够了。"

查理没有告诉我的是，清水庄园最初的主人正是一位奴隶主。他没有说在那位奴隶主之前，这片土地曾属于被统称为"印第安人"的那些美洲原住民；也不会说早在原住民抵达这片大陆之前，这片土地就属于生活在这里的鹿。查理曾是一名导演,退休前在加州一所大学里教戏剧。他很开明,尊重和自己不一样的文化,包容像汤米这样的性少数群体。尽管如此,当我问起查理怎么看《白银之歌》的时候,他依然带着自豪的语气为之辩护:"啊,那部剧啊,我知道!不是所有的印第安角色都是白人扮演的。他们当时还是找了几个有墨西哥血统的人来扮演印第安人的!"

四百年前,来自欧洲的殖民者正是基于"因为我有能力,所以我理应占有"的逻辑,用枪炮杀死了这片土地上的原住民。而今,那位来自纽约的有钱人正在以同样的逻辑放逐那些殖民者的后代。不过也许,这正是改变的契机呢?只有当殖民者的后代也开始反思殖民主义时,改变才有可能发生,不是么?

八、敖德萨的故事

O Superman

O Judge

O Mom and Dad

Mom and Dad

哦 超人啊

哦 审判者

哦 妈和爸
妈和爸

> ——劳丽·安德森（Laurie Anderson），
> 《哦，超人》（"O Superman"）

我们在劳丽·安德森的歌声中驶向敖德萨。汤米坚持让我做那个把"肉桂"开回敖德萨的人——是某种近乡情怯？还是关于这座小城，有某种东西是我必须开着车去接近它，才能体会到的？

于是，远远地，我在地平线上看到几团"圣火"——我管那些东西叫"圣火"，是因为我实在无法想象它们是别的什么。在我这个北京人的认知范围内，最接近眼前景象的东西，是北京奥运会圣火。曾经，在长达半个多月的时间里，有一团火不舍昼夜地在被称为"鸟巢"的国家体育场顶上熊熊燃烧。那个时候，我喜欢在日落之后跑到每天放学都会路过的四环路口，向东眺望。那团奥运圣火悬浮于尘嚣之上，接受着每一个凡人的仰望。在仰望中，我仿佛可以看到那团圣火从奥林匹斯山上被点燃，在一个又一个火炬手的守护下穿越了七大洲，登顶了珠穆朗玛峰，降临在我日复一日经过的北四环上空。而此刻，在通往敖德萨的高速公路两侧，在地平线上，一团又一团的"圣火"就这样肆无忌惮地烧着。

"那些是什么?"

"哪些?"汤米疑惑地看着我。

"就是那些……火。"

"哦,那些啊!"他的语气,就好像地平线上燃烧的几十团火,是世界上最稀松平常的事情一样。"是石油精炼厂。"

"它们一直在烧吗?"

"当然。如果不一直烧的话,我们就都会被废气毒死。"

"可是……"我感到这样做是有问题的,可一时又说不明白问题在哪儿。那些停留在高中化学课本里的知识突然又涌入我的脑海中:所谓废气,无非是一氧化碳、氮氧化物、硫化氢……它们燃烧,然后溶于水,形成硝酸、硫酸——

"这不会……造成酸雨吗?"

"不会。这里是沙漠,不会有酸雨,也不会有任何别的雨。"

尽管如此,我依然能从空气中闻出硫化氢的气味。北京曾饱受诟病的空气污染和敖德萨的比起来,实在是小巫见大巫。

"可是……就这样烧掉吗?那些废气,本可以作为能源,发电,或者用作别的什么事情……就这样浪费掉,也太可惜了。"

汤米笑了。

"你得明白，昌婷，这就是得州的本质——把东西不加利用地浪费掉！"

我意识到，在这里没有人会在乎酸雨、温室气体排放或者能源浪费。打从汤米出生时起到今天，三十多年间，在敖德萨附近的原野里，几百个火炬一直在燃烧，日夜不停。它们把石油加工成金子，变成货币，流向整个美国。在这里，加油站里的油价已经低到了每加仑2.89美元——在洛杉矶，这个数字是6打头的。

接近敖德萨出口时，高速变得如同接近洛杉矶的时候一样宽阔而繁忙。路上跑的很多都是油罐车。汤米关掉了导航，熟练地指引着我从油罐车中间钻出来，沿着正确的高速出口开出来，驶向小城中相对安静的一片区域。

"肉桂"驶向了一座简约的二层小白房子。房子后面有一个巨大的院子，院子里有一个池塘。一只牧羊犬在池塘边徘徊。房子前面有一片宛若小操场的空地。在车灯的照射下，我隐约可以看见一匹马站在"操场"边的马厩里。在马厩与院子之间，还有一片平整的草坪，草坪边有一座好几层的鸡架，一些鸡正在里面睡觉。鸡架后面有一座铁皮房子——汤米说，那里面有一个非常滑稽的私人餐厅。铁皮房子侧面还有一座更大的铁皮仓库。所有这一切，都属于汤米的家人。

那只牧羊犬隔着铁丝网，很兴奋地朝我们狂吠。汤米告诉我，狗的名字叫莫莉。在莫莉之前，他的母亲还养过另一条狗，叫Coco。Coco的死很有悲剧色彩。它在一天深夜跳湖而死。每天晚上，凯西会让Coco回家里来吃饭，陪她看电视，但是睡觉前会让Coco出去。院子里有一个很大的池塘，池塘边没有任何护栏。一天夜里，也许Coco想要扑一只飞鸟——它纵身一跃，跳进了湖里。在凯西和埃迪安睡的时候，Coco想必也曾在水里努力扑腾，也曾用最后一口气汪汪求助，然而终究没有人听到它的呼唤。第二天早上，池塘里就只剩它的尸体了。

"Coco死后，凯西又收养了莫莉，她还是让莫莉在院子里过夜，池塘边还是没有围栏，最可悲的是，莫莉长得跟Coco简直一模一样。"

劳丽·安德森的歌声唱着：

Cause when love is gone, there's always justice.
And when justice is gone, there's always force.
And when force is gone, there's always mom.
因为当爱消亡了，总还会有正义。
当正义消亡了，总还会有武力。
当武力消亡了，总还会有妈妈。

"嗨，妈妈！"汤米打开车门，和迎上来的母亲拥抱。显然，凯西已经站在车库前等候我们多时了。

九、莫莉的故事

莫莉是一条狗。它的女主人很耐心地训练它，教会了它坐下、躺下、握手、装死和祈祷。想让它坐下，你只需要说"坐！"；想让它躺下，你只要说"躺！"；想让它和你握手，你只需要说"握手！"，并朝它伸出一只手；想让它装死，你只需要用手比画出枪的姿势，并说"梆！"，它就会应声倒地，四脚朝天，仿佛刚刚中弹；想让她祈祷，你需要说："天国里亲爱的上帝啊，感谢你赐予我狗粮，感谢你把好主人带到我身边，让她每天照顾我。让我向你虔诚祈祷，愿你保佑我和我的马儿朋友健康，我们以你天国的圣名祈祷，阿门！"

莫莉听到之后，左手搭着右手，端庄地趴在地上，抬起头，眼巴巴地望着女主人手里拿着的肉。女主人说："噢！真是个好孩子！"然后把肉扔进莫莉的嘴里。

十、凯西的故事

没有什么比莫莉的故事更能说明凯西是什么样的人了。

她很会讲故事，在她的故事里，她是三个孩子的母亲，是社会活动家，女权主义者，是医院董事会成员，是慈善家，美国历史的捍卫者，是无所不能的女人。在埃迪眼里，她是一个不工作的家庭主妇，一个完美的妻子。一天她向我投诉埃迪曾说过："我和凯西的区别就是：我工作，凯西做义工。"在她看来，这种过时的男权主义评语是对她价值的贬低。

凯西能把最寻常的事情讲出一种戏剧性。在我来到汤米家的第二天早上，凯西一边给我们准备早餐，一边向我讲起了汤米小时候的故事：

"埃迪小的时候总被他爹打——是用铁棍子的那种打！很痛的。我可不想看到埃迪用他爹教育他的方式教育我们的孩子。所以，教训孩子的事儿，从来都是我上。一开始，他们不听话时我用手打——这样，你就能感觉得到打得有多重了。有一回，汤米这个小机灵鬼。他犯了错，知道我要打他，就偷偷往牛仔裤里塞了一本书。结果我一巴掌打上去，汤米一点事儿没有，我的手痛得要断了！后来，我想了个绝妙的办法，我就用做饭的长柄木勺子来打。这样，又不伤手，又不至于把他们打伤。很多年以后，汤米他哥送了我一条围裙，上面写着'木勺大师'，哈哈！你看，这围裙现在还挂在这儿呢！"

我想站起来，告诉凯西这不是一件值得自豪的事情。

可是汤米告诉过我,想要了解他的家庭,最重要的就是取得凯西的信任,而取得凯西信任最重要的就是倾听。汤米似乎察觉到了我的不适,及时地给我端上来了一杯咖啡——我注意到,他特地从柜子里的所有杯子中挑了一个特别的:一个白底的杯子,上面用亮粉色写着"这个女人支持特朗普"。我会心一笑,放弃了和凯西辩论的念头,开始表演一个认真倾听的异乡人:

"啊,在中国,很多父母也是会打孩子的。我小时候就被我爸打过一次,不过是用手。"

似乎所有人在凯西面前都学会了表演。凯西一直认为自己做的烤牛胸肉天下第一。不过,在我离开洛杉矶之前,当我问帕里奇有什么建议的时候,他说:"尽量别吃凯西做的烤牛胸肉。"离开农场时,我问洛根她对我有什么建议,她说了一模一样的话。然后,她又补充:"如果不得不吃的话,也不要告诉她很难吃,她会伤心的。"汤米曾说,等凯西死后,在她的葬礼上,他一定要感谢所有人这么多年来一直假装他母亲做的烤牛胸肉很好吃。

也许是因为我的表演令凯西信服,在接下来的几天里,凯西给我讲了很多很多故事:她如何带着"美国革命的女儿们"一起编撰帮助移民准备入籍考试的小册子;她如何跑到女儿的大学课堂上,纠正老师关于新墨西哥州历史的错误;她的某位在1963年神秘失踪的叔叔如何有可能是刺杀肯尼迪的凶手……我很少说话。尽管如此，几天之后，凯西还是感觉我已经"站在了她那一边"，认为同为女性的我比汤米和埃迪都要更理解她。在帮她准备"美国革命的女儿们"每周聚会的时候，凯西给我讲了她整修厕所的故事。

"咱们女人能做成很多事情！"凯西说，"我看一楼那个厕所不顺眼很久了。那个厕所之前的墙砖是白色的小方砖，就像医院里的洗手间一样。而且马桶的位置和淋浴间的分布很不合理，让人觉得很窄。我跟埃迪说过好几次，他不以为意。后来，有一回埃迪出差的时候，我的一个好姐妹来家里做客。她上完厕所跟我说觉得这个厕所有点逼仄，我说我已经看那个厕所不顺眼很久了。她问我：那你为什么不做点什么呢？我醍醐灌顶：对啊，我可以做点什么的！说干就干，我从后院仓库里抄起一把锤子，把卫生间里的瓷砖都敲下来了。然后我拍了张照片发给埃迪，他觉得我疯了。我拿出纸和笔，重新设计了卫生间的布局，然后找了施工队，让他们按照我的设计图重新装修厕所。我挑选了新的瓷砖，连马桶的朝向都改掉了！等埃迪几天之后回来，一个崭新的、美丽的厕所出现在他眼前——而这一切都是我自己独立完成的！埃迪只用付账单就行了。"

我开始用凯西的视角看待这栋房子。对于我来说，房子是一个每天下班后可以回去休息的地方。而对于凯西来说，这栋房子是家，是办公室，是城堡，是战场。汤米曾经告诉我，他家最荒谬的地方就是有一面挂满十字架的墙——那是他母亲的杰作。我给凯西在那面墙前面拍了一张照片。在清晨的阳光下，五颜六色的十字架光彩夺目。我仿佛可以看到凯西以整修厕所的热情，搬出梯子，把收藏的一个个十字架挂到墙上，调整它们的排布，直到一切都是她心中最完美的模样。凯西告诉我，其中很多十字架，是"美国革命的女儿们"送给她的。她说："这就是为什么我们喜欢得州，喜欢敖德萨：有一群和我志同道合的朋友。我们能安全地生活在这里，没有人会因为我们支持特朗普而迫害我们。"

十一、一个想离开美国的美国人的故事

"如果特朗普连任的话，我会严肃地考虑离开美国，永远离开。"2020年夏天，汤米这样说过。在路上，有回我问他如果2024年特朗普再度当选总统，他还会不会考虑离开美国。汤米沉默地思考了一段时间，给我讲了他那时想要离开美国的原因：

"我很怕特朗普当选。一开始福奇（Anthony Fauci）说可能会有三十万人死去的时候，他不信。最后死了一百

多万人。在我眼里,是特朗普的愚昧和鲁莽杀死了他们。我父母把那些发动了'9·11'袭击的人视作恶魔,但死于新冠的人是'9·11'的多少倍?特朗普离任前往最高法院里塞了他的人。现在女性堕胎权的判例已经被翻案了,那么接下来,同性婚姻权呢?如果他继续掌权,会不会有一天,我和我爱的人牵着手在街上走,会变成一件有危险的事?

"当然了,后来事情没变成那样。我相信事情之所以没有变成那样,是因为有人在主动发声,主动做能做的事情。在一切的尽头,拜登胜选了。我至今还记得那一天。我在回响公园(Echo Park)的核酸检测点。所有人都很紧张,因为计票花费了大量的时间。宣布拜登胜选的时候,日落大道(Sunset Boulevard)突然变成了最吵的地方:人们上街狂欢,车停下来,鸣笛庆祝,有即兴的庆祝游行,震耳欲聋。那天晚上,我头痛欲裂,但那是我有生以来最快乐的头痛。那是一场疯狂的宣泄。太多人生活在恐惧中了。突然,在隧道尽头又有光了,地平线上又能看到希望了。"

从洛杉矶出发的时候,汤米把一张巨大的荣誉证书塞进了后备厢。那是洛杉矶市长亲笔签名的抗击新冠优秀志愿者证书,证书上用花体字写着"托马斯·伊莱亚·罗德"——那是汤米的全名。汤米说,他要把这张荣誉证书送给父亲埃迪·罗德。这是一种讽刺。埃迪在新冠最严重的时候,依然拒绝闭店，拒绝做核酸，拒绝打疫苗。他是得州无数相信"只要上帝保佑我，我就不会得新冠"的虔诚基督徒之一。不过，汤米也承认，他那个时候选择去做志愿者，和埃迪的教育也是有关的。虽然他已经不再信仰基督教，但他依然认同基督教的一个信条：做正确的事，帮助需要帮助的人。这是埃迪留给他的精神财富。

十二、埃迪的故事

埃迪·罗德的卧室里挂着羊角、兽皮和猎枪。卧室里有小厕所，厕所里放着一本皮质封面的《圣经》，供他每天清晨和入睡前捧在手里祈祷。《圣经》里夹着许多纸片，汤米满不在乎地从里面抽出一张，对我说："这些，是祷文。"

埃迪每天祈祷：起床后，他祈祷；入睡前，他祈祷；吃每一餐饭之前，他都要祈祷——他会在热腾腾的饭菜端上桌之后，让餐桌边的每一个人手牵着手，低下头，听他的喃喃低语。

在埃迪说完"阿门"之后，饭桌上的所有人都要齐声跟一句"阿门"。没有人提前说过，但我好像自然而然地知道该怎样做。毕竟，在中国，有长辈在的时候，也是要等菜上齐了之后，长辈先动了筷子才能吃。我坐在桌边安静地等着。当埃迪伸出手的时候,我只犹豫了一瞬间,就默契地抓住了那只手。毕竟,在剧场里,我们也有类似的仪式:每场戏第一次登台演出前,整个剧组都会像这样手拉着手,祈祷首演顺利。甚至当埃迪说完那句"阿门"的时候,我也本能地知道该喊"阿门"。就像小时候上课之前,老师走上讲台时总要喊一句"上课!",而班长必须跟一句"起立!"一样。也许正因如此,埃迪对我的印象很好。他想必觉得我是个有教养的好姑娘,配得上和他优秀的儿子做朋友。也许,甚至能把这只"迷途的羔羊"带回正道上。

能听出来,埃迪尽了最大的努力把我的名字念得准确。

"如果我念得不标准的话,请纠正我:Chang-Ting。"

"您念得很标准!"

我没有骗他。埃迪是把我的中文名字发音念得最标准的美国人。在我抵达敖德萨之前,他一定曾经练习过很多次我的名字。他的发音甚至比认识了我七年的汤米还要标准。

他还准备了一些可以与我谈论的话题。也许这不只是为了缓解尴尬。也许,他真的想知道一些关于"中国"的事情,或是从我这里验证他听说过的那些关于中国的事情到底是真是假。毕竟,在敖德萨,你不常能遇到像我这样刚从中国飞过来专程拜访这里的中国人。

埃迪问我的第一个问题，是："在中国，人们会雇用童工么？"

我尝试理解在这个问题背后，埃迪对于中国的想象。我想起那些我曾在历史书上看到过的黑白照片：19世纪欧洲的工厂，营养不良的孩子密密麻麻地站在流水线上，埋头工作。在他的想象中，中国的工厂里是否填满了面黄肌瘦的孩子？对于这样的问题，我不想用简单的"是"或"否"回答。倘若回答"是"，你便是在给祖国抹黑。倘若回答"否"，他可能会掏出来一张不知是谁在何时拍的中国工厂雇用童工的照片，告诉你他知道你不知道的中国，而一时间你也无法摸清那张照片的来历。

我谨慎地选择了措辞，说中国的劳动法里规定了禁止雇用十六岁以下的未成年人。后来，汤米告诉我，他父亲之所以问出那个问题，是因为他认为中国的产品之所以能卖得比美国的便宜，是因为中国的工厂可以雇用童工。如果他当真这么问的话，我本可以干净利落地回答"否"。我可以告诉他，即使没有一家工厂雇用一个童工，中国的劳动力也还是比美国便宜，这仅仅是因为中国有更多人而已。

埃迪问我的第二个问题，是："在中国，人们能信基督教么？"

我努力从我在北京的成长记忆中寻找和基督教相关的部分，最后竟从手机相册里翻出一张2011年冬天，我在中关村西区的基督教会海淀堂门口和闺蜜拍的合影。我不是信徒，但我觉得那座建筑很漂亮：简洁大气，干干净净，平易近人，和书本里那些有着尖顶和雕像的著名教堂截然不同。那年平安夜，我拉着闺蜜一起去那座教堂里听了圣诞颂歌。那是在我准备高考的年份里一个难得的宁静而安逸的时刻。

我不知道埃迪为何问起这个问题，但我不想让他以为在中国，有着和他一样的宗教信仰是一件危险的事情。埃迪似乎觉得那张我在海淀堂的台阶上拍的照片很有趣。他从躺椅上欠身，凑近我的手机，伸出一只手，试图在触摸屏上放大照片。然而那只手是颤抖的。看得出来，那是典型的帕金森症状。

在那个瞬间，我突然觉得埃迪很像我的爷爷。爷爷早在我上小学的时候就去世了。那个时候，他应该也只有七十出头，和埃迪现在的年龄相仿。从我记事儿时起，爷爷就已经患上了严重的帕金森症。他无法自主行动，只能坐在一把躺椅上，等着爸爸和姑姑给他喂饭，架着他去大小便。据说，爷爷的症状也是始于手抖。当我回忆起爷爷的样子时，我意识到埃迪甚至从面相上都像极了他。他们都是精瘦的长脸，眼窝很深，长着高颧骨和宽额头。父亲常说，大脑门意味着睿智。的确，我能看出来埃迪是一个绝顶聪明的人，尽管那颗大脑已经因衰老而变得迟钝了。

我为埃迪的身体状态感到担忧。按照父亲的说法，爷爷从出现手抖症状到生活不能自理，只用了不到一年的时间。我仿佛能看见埃迪的步履渐渐蹒跚，颤抖由手蔓延到整个胳膊，肌肉逐渐僵硬，眼睛里的光芒逐渐消失……直到最后只能蜷缩在躺椅上，等着家人喂饭、把尿。等到那个时候，他的生活中还能剩下些什么呢？

大概唯有抱着厕所里的那本《圣经》祈祷了吧。可惜祈祷并不能包治百病。埃迪回屋休息之后，凯西拉着我讲起了埃迪帕金森症的起因。

"他从马背上摔下来之后坚持不去医院！"凯西说，院子里那匹马刚来的时候还没有驯好，但埃迪坚持要骑，骑上之后还坚持要让马儿跑起来，结果马儿受惊了，把他从马背上甩下来。凯西出去的时候，埃迪正倒在地上，马的前蹄和后蹄横跨在他的身体两侧。她想让埃迪在地上躺着，她去叫救护车——因为万一骨折或者脑震荡了，躺在原地等待救援是最明智的选择。但是埃迪坚持要站起来，否则那匹马可能会一脚踩到他。"我知道马的前蹄和后蹄横跨在主人身体两侧，是保护主人的姿势，马已经冷静下来了！"但是没有人能拗得过埃迪，他从地上爬起来，翻过围栏，走回了家。等到救护车到了，他坚持说自己没事儿，硬是把救护车打发走了。"可你猜怎么着？两天之后，一个深夜，我起夜的时候，发现埃迪倒在厕所里，血流了一地！"

那个时候埃迪已经不省人事了。她再一次叫了救护车,和护士一起把埃迪扛了进去,送到医院。医生在他脑袋上缝了八针——原来他半夜上厕所的时候头一昏,摔倒了,脑袋撞在洗手台子上,血流如注。后来他醒过来,点滴都没打完,就让护士给他办出院。"幸好我在医院的顾问委员会里!"凯西说护士因此及时联系了她,她回到病房给埃迪算了一笔账:如果现在出院,等之后拆线的时候再办住院会更贵,还不如老老实实在医院里住着。埃迪妥协了。出院一个月后,他开始有手抖的症状。凯西坚持认为,埃迪的帕金森和那次从马上摔下来有关。

"所以在那之后,他有接受治疗吗?我是说,针对帕金森症的治疗。"

"没有,他拒绝去医院。我们只能祈祷他的身体不会变得更糟。"

我不知该如何回应凯西的话。她明知道埃迪是需要到医院接受治疗的,为何依然能够讲出"只能祈祷他的身体不会变得更糟"这样的话?凯西看出了我眼里的怀疑,开始认真地向我讲述她遇见过的"神迹":比如哪个朋友痴呆了多少年然后突然有一天就好了啊,哪个朋友得了癌症医生说只有一年可活结果活了五年还没事儿啊——"我知道是上帝帮助了他们,不然没有别的理由可以解释这样的事情。"和凯西辩论是无用的,汤米和洛根都警告过我。我跟她说我困了，便上楼回屋休息去了。

* * *

第二天，凯西和汤米带我参观了埃迪的店。那是一家暖通相关零件的专卖店，叫"强盛暖通"。店里的墙上用白色的金属挂板挂了满墙的工具，白色的货架上整整齐齐码着不同品类、型号的暖通配件。埃迪穿着印有公司logo的红色衬衫，戴着蓝色鸭舌帽，站在柜台后面接待顾客。埃迪对待每一个人都同样的热情、专业、耐心。在他和顾客交谈的时候，连他的手也抖得不那么明显了。

在埃迪忙着工作的时候，凯西带着我们在店里四处逛逛。凯西很开心能有个理由再次把汤米带回店里。她兴致勃勃地给我讲起了汤米小时候的事情："有一年，放暑假的时候，汤米在家待着没什么事儿干，我就让他去找埃迪看看有没有什么能帮忙的。他兴冲冲地跑来店里，帮埃迪在仓库里上货，把客人需要的配件从仓库里找出来。等到傍晚，埃迪回来，汤米认真地问他：'爸爸，我的工资呢？'埃迪根本没把汤米的话当回事儿！这也不能怪他。要知道，他小时候，他父亲让他帮忙干的活儿，可比这苦多了，累多了！在他看来，哪有儿子管老子要工资的道理？于是，埃迪从兜里掏出两块电池，塞给汤米，说这就是他的工资。

结果，你猜怎么着？我从来没有见过汤米那么生气！他义愤填膺，大吵大闹——我到现在还能想起来汤米把电池扔在地上，在客厅里大吼大叫的样子！"

我能从汤米的表情中看出来，这对他来说并不是什么童年趣事。他借口说要带我参观仓库而离开了凯西。关上门后，他长舒了一口气，然后说："埃迪应该付我工资的。"时至今日，汤米依然对此耿耿于怀。

汤米带我走进了仓库。我没有想到，在不大的店面背后，藏着两间巨大的仓库：铝合金板墙、弧形顶棚、高高的货架、穿梭在货架间的几辆叉车、从叉车上卸货的工人……汤米告诉我，上一回他来这个仓库的时候，这里还没有安装空调。"你不觉得很可笑吗？我爸是做空调配件的，但是他自己的仓库里很长时间都没有空调。"可以想象，这么大的两间仓库，如果想要降温的话，耗电量是很大的。即使现在装上了空调，仓库里依然比店面里热很多。汤米由衷地同情这里的工人。有个工人怀疑地看着我们这两个"游手好闲"的人。汤米停下脚步，热情地向他伸出手：

"你好，我是埃迪的另一个儿子，汤米。"

这句话有着某种神奇的效果——好像这一句台词让两个在舞台上不知所措的演员瞬间找到了自己的角色。当汤米说出这句话的时候，那位工人的脸上突然浮现出一种标准的热情微笑。他从装着货物的箱子旁抬起头，然后俯身过来，用双手握住了汤米伸过来的那只手，回应他："你好，你好，我叫米格。"而汤米好像也突然进入了自己的角色：他讲话突然带上了浓重的得州口音，故作亲切地拍拍那位工人的肩膀，告诉他自己能够理解他，自己很多年前也在这里做他现在做的工作。他们聊起了空调，聊起了仓库的扩建，聊起了在渐渐接替埃迪管理强盛暖通业务的乔埃。工人对乔埃和埃迪的工作赞不绝口，汤米也礼貌地随声附和。

我感觉自己像在看一出春晚小品：汤米扮演的角色是一个乡镇企业主家里叛逆的二少爷，这场戏演的是二少爷从大城市读书归来，在父亲的工厂里体察劳动人民的疾苦。我开玩笑地跟汤米说，我现在完全能想象他如果留在敖德萨的话，会如何成为家族企业的要员。

"这正是我坚决离开敖德萨的原因啊！"

下午一点半，埃迪终于从前台抽身，可以陪我们一起去吃个午饭了。餐馆里已经没有别人了，这让埃迪的礼拜仪式没有那么令人尴尬。我抓紧这个机会问埃迪他是怎么把"强盛暖通"做起来的，然后边吃咖喱鸡排饭，边听埃迪讲起了自己的创业史：

"我十七岁那年的一个礼拜日，我在从教堂回来的路上，被一个人叫住了。那个人说：小伙子，我来教你装空调吧！那时我刚高中毕业。我说好啊，我来跟你学装空调。那是一个装了几十年空调的老师傅，他把他所有的手艺都教给我了。我跟着他在敖德萨帮人装空调，修空调，赚到了人生第一桶金。后来，我发现组装空调所需的零件都要到不同的地方买，很麻烦，就开了一个卖空调零件的小铺子。再后来，我只是做好每一单生意，认真对待每一个顾客，虔诚信仰上帝，慢慢地，就拥有了这一切。"在埃迪看来，十七岁那年在路边叫住他的那位空调师傅，也许也是上帝派来帮助他的。吃完饭，埃迪说他还要回去看店，然后就开着他的皮卡扬长而去。

如果事业是上帝的祝福，那么上班是否就等同于做礼拜呢？我在埃迪的工作态度中的确感受到了一种宗教的虔诚。"这个男人——他会工作到死的！"凯西无奈地感慨。

* * *

埃迪对自己的死另有打算——他希望自己可以死在天上，死在自己的飞机里。当然，他不希望飞机因此坠毁，毕竟，这一架飞机的价格就要超过汤米从小到大的学费总和。所以，得有一个儿子坐在副驾上，在他死后让飞机安全降落。埃迪很重视汤米和乔埃的飞行员教育。在他们很小的时候，埃迪就喜欢开飞机带他们出行：去美墨边境的家族猎场打猎，去凤凰城（Phoenix）的姥姥家……在他们上大学后，每个暑假他们回家的时候，埃迪都要请当地最好的飞行教练教他们开飞机。飞行教练长得很像《星球大战》里的尤达大师（Master Yoda）。他除了教授驾驶飞机的标准操作，还教了汤米横滚、高空俯冲这样的高难度动作。而且，他心脏还不太好。也许埃迪之所以格外信任他，就是因为他们都认为有一天死在天上是最优雅的死法吧。

汤米回家的第一天，就跟埃迪说我来得州想体验骑马、打枪和飞行。骑马和打枪我的确提过，飞行却是汤米自己加上去的。埃迪嘴上说不一定能飞，得看天气。然而在那之后，埃迪每天都要拿着手机查看天气，评估第二天早上起飞的可行性。汤米还特地钻进后院的仓库，从属于自己的储物架上翻出了多年以前和"尤达大师"学开飞机的飞行记录，用以向父亲证明自己是能够担任飞行员的。看得出来，至少有一件事汤米和埃迪能够达成共识：开飞机很酷。

周六清晨，气温和风向终于达到了埃迪认为可以起飞的条件。我们六点钟爬起来，要赶在气温热到难以忍受之前飞上天。汤米驾驶"肉桂"，跟着埃迪的皮卡出城，驶进一个有好几排铁皮仓库的神秘园区。属于埃迪的那间仓库大门打开的时候，我才明白这里的每一间仓库里，都停着一架私人飞机——这是敖德萨有钱人的俱乐部。埃迪的飞机是一架能坐下六个人的单翼飞机。机身是和美国国旗相似的蓝白红配色。汤米帮埃迪把飞机上落的灰尘擦干净，然后把它从仓库里拖出来，打开机舱门，让我进去。

飞机开向跑道的时刻，我才突然反应过来我到底在干什么：天啊！我坐在一个七十岁患有帕金森症的老人开的飞机里！副驾上坐的是他已经十年没开过飞机的儿子！我的心脏跳得怦怦响，手心直冒汗，就像第一次坐上过山车等待启动时的状态。然而我在耳机里听见汤米向埃迪汇报塔台已批准我们起飞——没有后退的路了。埃迪和汤米配合默契，操纵着飞机。飞机引擎的轰鸣声被隔音耳机阻隔，我的身体却依然能感觉到座椅的震动。我死死抓住椅子边，试图掩盖我的恐惧。然后，飞机离开了地面，我们三个人在天上了。

当我从天空中俯视这片土地的时候，我开始有些理解埃迪的视角：在这片荒凉而干涸的土地上，如果不是上帝的赠予，财富怎么可能从地底下涌出来呢？如果不是上帝的偏爱，凭什么他能够买得起一架飞机，在空中俯瞰自己的猎场，而无数的油田工人只能在别人的土地上日日劳作呢？在埃迪·罗德看来，这一切都是最美好的安排——也许除了他的同性恋儿子——他会虔诚地工作，虔诚地祈祷，直到有一天，他的灵魂乘着飞机去往天国。在那里，他也许可以和亲爱的上帝当面谈谈，商量一下能否看在自己勤勤恳恳地做了一辈子基督徒的份儿上，宽恕那个误入歧途的儿子。

十三、一个得州共产主义者的故事

倘若那个得州共产主义者听到埃迪的故事，他一定会说这是世上最大的谎言：他嘴上关心着中国工厂是不是"雇用童工"，可他自己让未成年的儿子干活。他买私人飞机的钱根本不是上帝赏赐的，而是工人们的剩余价值堆积成的。况且他的家族企业之所以能做起来，是因为敖德萨的石油产业每天创造着财富。可几百个石油工人住的宿舍加起来，都没有他家的猎场大——这样真的公平吗？上帝那一套，也就是帮他骗骗自己的良心罢了！

那个得州共产主义者是洛根和吉尔的邻居。他公开的身份是梅森镇的民主党委员会主席。在得州西部的农村，民主党已经是最接近共产党的组织了。他叮嘱我不要写他的名字，因为如果知道他是一个共产主义者，他的老板可能会把他开除。他的本职工作是当地一家银行技术部门的职员。在工作之余，他精通制作吉他的手艺。吉尔之所以能和他成为朋友，就是因为他们都喜欢吉他。他教吉尔如何用当地的一种木材制作吉他，而且分文不取。

吉尔拿着一把吉他颈部的半成品来找他。我们坐在他院子里的树荫下，他从屋里取出自己做的上一把吉他给吉尔看，告诉他怎样的形状才能更有利于琴弦的发挥。我注意到，那把吉他的颈部镶嵌着一把枪的图样。

"为什么这里有一把枪？"

"哦……因为这里是得州啊！"那个得州共产主义者笑了。

那个得州共产主义者从小就在梅森镇长大，祖辈是捷克人，做吉他的手艺也是祖传的。不过，看来做吉他这门手艺在得州还不足以让他养家糊口。上大学的时候，他接触到一些和共产主义相关的书，他打心底认可共产主义的理念。

"因为资本主义是不可持续的。"他说。他认为资本主义建立在不断征服新的土地、占有新的资源的基础上。然而世上并没有无限的资源可以被资本化，人也并没有无限的需求。当我问他觉得什么才是他心中理想的共产主义社会的时候，他说他其实很难想象一个共产主义国家，但社会主义是可以实现的。甚至在资本主义国家，也可能在局部实现社会主义社区。社区内的成员共享生产资料，彼此帮助，以社区共同利益为标准分配产出。其实，他知道有一些艺术家社群已经在尝试这样的生产方式了。

"一个艺术家公社？"

"对。"那个得州的共产主义者说,其实这就是洛根和吉尔一家试图在农场上做的事情。"只是,我们不能叫它'公社'——这个词在美国语境下会让我们显得像苏联间谍。"他们更愿意管它叫"艺术家殖民地"(Artist Colony)。

我很惊讶。在我的想象中,"公社"带着始于巴黎的革命理想主义色彩,是比阳光更明亮的词汇。而"殖民地"这个词带着征服者铁蹄之下泥和血的气息,是浸透了屈辱的词汇。但在美利坚的语境之下,即使是一个共产主义者,也接受了"殖民地"比"公社"更好听的现实。

那个得州共产主义者在吉尔做吉他的时候,还来向洛根请教"嬉皮营地"的事情。洛根说他们农场自从加入了"嬉皮营地",接待了很多露营者,这也成了他们现在重要的收入来源。有些露营者还很喜欢和家里的狗狗玩,或者和她一起去挤羊奶。她觉得如果把挤羊奶变成一个付费项目的话,也会有人愿意购买。我告诉她,对于我这样一个从小在城市里长大的人来说,在农场上给小羊羔挤奶绝对是一件我愿意付费体验的事情。那个得州共产主义者问我愿意付多少钱。我想了想说十块。那个得州共产主义者很惊讶:

"什么?值十块钱吗?"

"如果还能抱着小羊羔拍照,能喝到自己挤的羊奶的话，绝对值十块钱！甚至十五块钱可能都有人愿意付——如果你们买一台拍立得，可以现场给他们照片的话。"

但他说还是不要超过十块钱了，再多的话，他的共产主义之心要被负罪感折磨了。在我们走的时候，他从院子里拔了两颗新鲜的甜菜送给我们，没有收一分钱。

十四、墙的故事

我们离开得州前的最后一站，是位于美国墨西哥边境的城市艾尔帕索（El Paso）。我想在那附近找找"特朗普墙"。2016年美国总统竞选时，这位候选人曾经承诺在美国墨西哥边境修一堵墙，以阻止非法移民和毒品贸易。我想看看这位总统卸任三年后，他当初承诺修建的墙怎么样了。

找到"特朗普墙"并没有那么容易。首先，在边境的很多地方，这堵"墙"从来就没有被建起来过。在沿着格兰德河（Rio Grande）的很多地方，想要从墨西哥进入美国，只要冒着遇到鳄鱼的危险游过河，再越过一道铁丝网就可以了。其次，在特朗普任内修建起来的边境墙，只有不到三十公里，另有五百多公里是对旧墙的加固。最后，所谓的"边境墙"其实更像是高矮不一的金属栅栏。把原本五米高的栅栏加高到六米，这就是特朗普做的事情。在艾尔帕索市内，"边境墙"只是一道类似于网球场护栏的铁丝网。一边是美国，另一边是墨西哥。透过铁丝网，你能看得出对面的房子比美国这边的要破旧，路更窄，路上停着的车也更破旧。

我在谷歌地图上沿着边境线搜索可能有高墙的地方。在艾尔帕索西北方，从得州进入新墨西哥州的地方有一个地点，有位匿名的网友在那里打卡留言说："墙很高，但我还是翻过去了。"不知他是真这么做了，还是在以这种方式嘲讽特朗普的墙没什么用。我们跟着导航往那里开，从高速拐上小路，从小路拐上土路，终于在土路尽头看到了传说中的"特朗普墙"。

眼前的"特朗普墙"并没有想象中的那样密不透风。如果有贩毒者想要跨过边境运货的话，隔着这道金属栅栏，毒品依然畅通无阻。汤米从车里拿出相机，说要在这里和我拍一张合影，纪念我们公路旅行的最后一站。举起相机的那一刻，我感觉自己像是一个游客，站在著名景点前，宣告自己到此一游。

"如果有一天你来中国的话，我一定要带你去看看长城。到时候咱们再拍一张合影，姿势和今天在'特朗普墙'前拍的合影一样！"

我告诉汤米，两千多年以前，中国的秦始皇就修了一道"万里长城"，比美墨边境的总长度还要长。倘若秦始皇来到这里，他想必会嘲笑眼前的这条铁栅栏吧——怎么两千年过去了,人类还丝毫没有创新呢?怎么在世界上最发达的国家,这墙造得还没他当年造的雄伟呢?当然,倘若秦始皇真的看到了他死后发生的事情,他还会告诉我们,"修墙"这一招从来不能真正阻挡人类的迁徙。

我问汤米他怎么看待这堵"墙",汤米回答我:

"我认为就不应该有边境,不应该有墙,不应该有栅栏或铁丝网。人们应该被允许自由地去自己想去的地方,追寻机会,赚钱谋生,追求幸福。"

"这样的想法,会不会太理想主义了?"

他有他的理由。汤米的家人在得州靠近美墨边境处有一块地。那块地远离城市,远离公路干线。在那里,从美墨边境走到最近的村镇,要从日出走到日落。没有边境墙,因为边境两侧都是无人区。想要避开高耸的边境墙,避开边境警察的追捕,那里是绝佳的选择。可那是一片干旱的沙漠地带,乱石和灰土里生着野草和仙人掌。在夏天,白天的气温可以达到四十度以上。小时候,汤米跟着父母去打猎,有时会看到冒险入境者的尸体。他们死于饥渴、疲劳和高温。也有的时候,他们会遇到艰难跋涉的越境者。这样的时候,凯西会给他们送上水和食物,然后给边境警察打电话,报告越境者的位置。边境警察会把越境者带走,送上一辆白色的大巴车,然后把他们拉去附近的非法移民拘留营。在凯西看来,把这些越境者交到边境警察手里是救了他们。至少,他们不会死在沙漠里。也许,如果有一天,他们阅读了"美国革命的女儿们"编纂的小册子,通过了入籍测试,甚至有可能成为美利坚合众国的合法公民。凯西也许不会去想的是,这些人之所以甘冒死在沙漠里的风险、被抓去拘留营的风险越境,大概是因为他们的故乡有比这更可怕的事情吧。

边境警察的巡逻车从远处开过来。虽然带着合法签证的护照就在我的口袋里,我依然感到恐惧。汤米完全不紧张。他笑着跟摇下车窗的边境警察打招呼。警察笑着冲他摆摆手,开着巡逻车从我们身边轻巧地开过。我明白,世上有一些恐惧是汤米无法理解的。

在查关于"特朗普墙"的资料时,我看到一则新闻:自2022年10月起的半年内,从美墨边境非法入境的中国移民的数量是往年同期的将近十倍,这些人给自己发明了一个比"偷渡者"更好听的名字,叫"走线客"。后来,在我们回到洛杉矶之后,我通过几个当地的朋友,辗转找到了在一家洛杉矶中餐馆打工的几位走线客。其中一位最近两个月刚从边境过来的人愿意和我聊聊。

这位兄弟看上去和我年龄相仿。他面色黝黑,也许是穿越雨林和戈壁的时候晒伤的。他曾经在深圳做网约车司机,今年年初听同乡分享自己走线成功的经历,决定效仿。那位兄弟很慷慨地和我分享了他的经验:如何从内地到香港，再从中国香港到土耳其，从土耳其飞厄瓜多尔，从厄瓜多尔一路北上，穿越哥伦比亚、巴拿马、哥斯达黎加、尼加拉瓜、洪都拉斯、危地马拉、墨西哥，抵达美墨边境；如何以比较便宜的方式打发黑警，怎么找到靠谱的蛇头带他入境……我问他语言不通怎么办，他指了指手机，说不用担心，用谷歌翻译就能解决。我问他在雨林里没信号怎么办，他说提前下载好离线地图就成。他还叮嘱我说不要买新款的iPhone，容易被盯上，被抢劫。最好是买那种几年前的老款iPhone，看起来比较破但用起来没什么问题的那种。也不要带国产的手机——在中美洲容易搜不到信号。和他聊天的时候，我感觉自己像是个没见过世面的"老土"，而他才是见多识广的城里人。

只有一件事是他至今想起来也觉得有点后怕的。那是在去往难民营的路上。他们六十个人一起，挤在一个六十岁老奶奶开的独木舟上，漂洋过海，从哥伦比亚海岸到巴拿马海岸登陆。那六十个人里只有两个人是中国的，他们挤在拉美人中间，随着海浪的起伏左右摇摆。在那个时刻，他感到自己的生死完全取决于会不会有一个大浪打来，把独木舟打翻。他不知道自己去往何方，能否抵达，他只知道面对这事关生死的未知，自己已经做不了任何事情了。

听完他的传奇经历，我问他你为什么要冒这么大危险走线呢？他不假思索，不带任何情绪地回答了四个字：为了赚钱。说出这句话的时候,他的眼神里流露出一种惊人的刚毅与果敢。他说,即使是现在,他每个月挣的钱,也是他在深圳挣的两倍。等之后考一张驾照,能做网约车司机的话,还能挣到更多的钱。他知道前面几年只能打黑工,只能做最低收入的工作,但他依然对未来充满希望,相信一切都会好起来的。

他也许不知道的是,他刚刚踏入的这片土地,已经被五百年前和他一样冒险前来的人们瓜分过了。他们用枪炮和病菌把土地从原住民手里夺走,再用上帝和律法把夺来的土地变为资本,用资本创造更多的财富,再用栅栏守卫它。

离开洛杉矶前的最后一个晚上,我用汤米家的厨房给他和他的三个室友做了一顿丰盛的中餐。大家聚在一起欢迎汤米从得州回来。吃完饭,我们在院子里喝着酒,听着帕里奇的爵士歌单。在音乐中,我问汤米:

"你有没有想过,只要这世上还存在栅栏,边境就会永远存在?"

汤米思考了一会儿,然后回答:"确实。"但干掉杯中的酒之后,他又说:"那我只好祈祷有一天这世上不再有栅栏了。不再有枪,也不再有墙。等到那时候,也许人们就不再需要边境,也许就不再会有人因跨越边境而死了。"

我笑汤米这话说得像是一个共产主义者了,"除了一点——共产主义者从不祈祷。就像《国际歌》的歌词里写的'从来就没有什么救世主,也不靠神仙皇帝,要创造人类的幸福,全靠我们自己'。"

"这是首什么歌?"汤米疑惑地说。

当然了,汤米怎么可能知道《国际歌》呢?不算太久之前,这个国度还把"共产主义"等同于"叛国罪"。但在帕里奇的帮助下,我在院子里播放起了一个摇滚版的《国际歌》。在歌声中,我跟汤米和他的男友们讲起了巴黎公社的故事。在音乐和酒精中,我们跳起了舞。这一刻,边境和国籍仿佛已经真的不再重要。我们困在某种相似的体系中:如何在这种体系中寻找自由?如何生存?如何相爱?如何让自己的父亲和母亲理解自己?如何不必祈祷就能吃上饭?哪里才是出路?

也许他们会找到出路的。也许我们会一起找到世界的出路。

为了获得内心自由的感觉，必须有丰沛的空间与孤独。
此外还得加上对时间的掌控、绝对的宁静、粗粝的生活，
以及触手可及的自然美景。

/ 西尔万·泰松

巴尔干乡居日记[*]

撰文　柏琳

---

[*] 本文写作于2023年。

9月9日　晴　　刚到村子里就吃多了

从贝尔格莱德开车到塞尔维亚西部深山里的特尔西奇（Tršić）村，大概两个小时。我们穿越"南斯拉夫的粮仓"伏伊伏丁那（Vojvodina）平原，道路两边大多是玉米地，青黄相接的玉米叶子在秋风中摇摆。阳光太好，砖红色屋顶的乡间民居成了静止的图钉，镶嵌在开阔的大地上。

特尔西奇村，隶属于西部城市洛兹尼察（Loznica），位于波黑和塞尔维亚的边界上。它是塞尔维亚文学和语言改革之父武克·卡拉季奇（Vuk Karadžić）的出生地。我受到邀请，在村子里的木屋住上半个月，每日散步，阅读，在林中空地的长椅上写作。

这个村子像是藏在大山褶皱里的桃源，种满了高大的赤杨和贞静的槭树。我居住的木屋建于19世纪，鱼鳞状的斜屋顶，房子通体是橡木结构的，用巨大的石头堆成坚实地基，屋子里摆上木桌、单人床和暖炉，阳光从四面墙身的方格小窗透进来，绿影婆娑。有大片粉色的野蔷薇环绕着木屋。

和村民们一起在乡村饭馆吃早午饭。将番茄、黄瓜和辣椒淋上橄榄油后拌匀的塞尔维亚沙拉（Srpska salata），打成米糊状的玉米粥，长得像冰激凌的咸奶油（Kajmak），家庭自制的玉米面包，把熏肉和鸡蛋混合油煎的火腿蛋，然后是蜂蜜薄荷茶，土耳其咖啡，配一种叫作"orasnica"的可爱的核桃小圆饼。巴尔干的菜量永远是那么惊人，我边吃边想，半个月后估计我得横着走出村子了。

9月12日　晴　　没有稳定的自由

在乡村饭馆，我正埋头和一块尺寸大到让人无从下手的鱼排激战，一只黑白花纹的蝴蝶停在面包上，不肯飞走。万物有灵，我相信一定是某个人在和我传递信息。

手机屏幕亮了，远方朋友发来信息。蝴蝶果然是使者。高敏感人格把我的这位朋友折磨得心力交瘁。所有的折磨都来自内心，所幸她始终保持自省，终不至于让心崩坏。她是一个对人无限温柔的中学语文老师，在微信里，她诉说着令人倦怠的工作。每天超负荷运转，把自己投向一种火焰，却被内卷的教育系统拷打得死去活来，觉得一切都无意义。不如放手,出来旅行,我不负责任地建议。还是算了,她否决我的提议。每天早课时看见孩子们的笑脸,她觉得自己还能再坚持一下。

我突然意识到自己是多么幸运,我拥有松弛的自由,当然这是用巨大的世俗代价换来的。这种自由是如此的不稳定,孑然一身,没有固定收入,一切充满未知。对人事感到迟钝,对内卷缺乏真切感知,跑到塞尔维亚的深山里来,在树影光斑间聆听喜鹊唱歌,在铺满落叶的林中空地长久地面对自己。自我无所遁形,我必须直面自己。

1957年,法国作家亨利·德·蒙泰朗(Henry de Montherlant)在笔记中写,"自由总是存在的,只需为之付出代价"[1]。

从来没有稳定的自由,而凡事皆有代价。我抬头凝望赤杨的树顶,听见风穿过叶子的声音,突然对"生命不能承受之轻"有了新的领悟。昆德拉说,负担越重,我们的生命越是贴近大地,当负担消失,人就飘起来,远离大地和生命。我们究竟该选择哪一种生活呢?昆德拉先生,生命也许就像一棵树,树顶想要距离天空更近,它的根基就要向大地扎得越深。生命做好了承受土地重量的准备,在

---

[1] [法]亨利·德·蒙泰朗:《笔记,1957》,转引自[法]西尔万·泰松:《在西伯利亚森林中》,周佩琼译,上海文艺出版社,2015年。

这之上向天际攀升。土地的重量并不一定意味着世俗的羁绊，它的真实含义是选择的代价。轻与重，不是非此即彼的对立面，在更高的维度上，轻与重互相成就。

我回到小木屋里，阅读法国人西尔万·泰松（Sylvain Tesson）的《在西伯利亚森林中》。不时望望野眼，窗外榛树柔顺的枝叶被阳光覆盖，呈现一种绿的完整性，没有一丝风可以破坏它的自足。

西尔万·泰松在他的西伯利亚日记中写道："为了获得内心自由的感觉，必须有丰沛的空间与孤独。此外还得加上对时间的掌控、绝对的宁静、粗粝的生活，以及触手可及的自然美景。这些战利品的方程式最终将导向小木屋。"[1]

9月14日　晴　　大力水手吃了他的菠菜罐头

晴热的一天。饭馆后院的木亭子里，戴头巾的老妇站在烤架前面，百无聊赖地来回翻滚着肉串，轻烟织成一层纱雾，渺渺飘向远方。浅浅的溪流滑过木亭，流向内院，在院中央高大的赤杨四周绕圈。胖胖的女服务生坐在树下打瞌睡。

---

[1] [法] 西尔万·泰松：《在西伯利亚森林中》，第72页。

我今天吃了一道塞尔维亚传统风味的炖锅菜，叫作"Mućkalica"。做法简单粗暴，只需把切碎的西红柿、红辣椒和小牛肉块混合在一起，在炉子上炖煮，等到一层几近透明的红油均匀地覆盖在菜肴上后，烹饪就算大功告成。可以把锅直接端上来，用家庭自制的玉米面包蘸着吃。我的味觉被西红柿的酸甜和辣椒的辛香刺激得直打激灵，不知不觉干掉了整锅菜。就像吃完菠菜罐头的大力水手，我恨不得马上跟村民一起去山上砍木头。

9月16日　多云　　古老的伤口再一次被撕开

村子里住了一周，我的感官变得迟缓。在一个睡觉时安静得能听见虫子叫的地方生活，甜美的空气和潺潺的溪流钝化了我的棱角，我对世界没有那么愤怒了。早晨醒来，用手机浏览新闻，美国众议院准备弹劾总统，意大利某岛的非法移民人数激增，俄罗斯在一防空洞里发现乌克兰军方虐待俄战俘的视频，利比亚洪水肆虐，空气中弥漫着腐烂和死亡的味道……

我厌倦地放下手机，顺便把无线网络也关了，外面世界真是没什么可留恋的，不是吗？手机屏幕又亮了起来，一条系统推送通知：上周你的屏幕使用时间减少了43%，平均每天2小时34分钟。我记得上一次收到的信息提示我平均每天看手机5小时左右。好样的，来了一周，对电子产品的依赖少了一半，希望手机下周告诉我我已经不爱它了。真讽刺，我对电子产品的依赖程度居然是由电子产品来判断的。技术不仅剥夺人的功能性，就连感知力也要争夺。下一次AI也许会用数据表向我推演一个人是否值得被爱。

我决定把自己的主体性抢回来。为此我效仿AI，也在笔记本上开始列表格。只不过我的表格没有数据支持，全凭主观感知。感知万岁！感知让我成为一个人！

【住到村子里后喜欢的事】

1、晨练，登小山丘，和在院子里喂鸡的女人、半坡上赶羊的老人、在树下摘野苹果的男人一一打招呼，每天都假装是第一天认识对方。

2、吃午饭时，读西尔万·泰松的游记《在西伯利亚森林中》。

3、午后林中散步，村子里的小狗在我身后列队，我们组成了一支歪歪扭扭的仪仗队，很是威风。

4、坐在长椅上，盯着半山腰的野篱笆发呆。

5、从不同角度观察林中空地那棵巨大的槭树。它像一棵神树，碧绿的能量在永恒的沉默中流转。

【住到村子里后头疼的事】

1、睡觉前读《萨义德传》,这件事让我很紧张。因为我发现,萨义德的那个世界就是让我疲倦的世界:形形色色的主义、结构和符号大行其道,它们被塑造、颠覆、再现,但对世界的乱糟糟依然束手无策。一直到萨义德去世,巴以之间解决矛盾的前景还是一片混沌,但世界几乎不再提起他的名字。萨义德真是一个悲情英雄式的知识分子。

2、木屋时不常发出怪响,嘎吱嘎吱随时来一下。难道屋里住着精灵?但是半夜听见这样的声音,真的不太美好。

3、又大又黑的甲虫突然出现在地板上,伸着它可怕的触须,与我面面相觑。

4、蜜蜂天天飞进屋子里,它们不蜇我,但是扰乱我的心智。

5、在早晨醒来时发现蜘蛛在脑袋上方的天花板快乐地结网,网丝垂下来,与我的鼻尖近在咫尺。

结论:我无法战胜对各类昆虫的恐惧。

晚上六点,退伍军人达科来接我去镇上听一场古斯勒琴(Gusle)露天演奏会。洛兹尼察镇主教堂广场上,东正教堂的白色圆形穹顶被玫瑰色天空映衬得更为沉静,人们从教堂四面的小道上缓缓走来,环形的木板座位渐渐满席。穿着红黑小坎肩民族服装的几位表演者挤在第一排,他们把琴架在两膝之间,抿紧嘴唇,保持缄默,等待上场。对于巴尔干人来说,演奏古斯勒琴这种民间乐器绝不仅是娱乐,它类似一种与中世纪通灵的表演,演奏者情绪化到不能自已,如同看见了鬼神的巫师。

在读了那么多巴尔干地区的古老文学作品后,古斯勒琴已经成了植入我脑子里的一根弦,我时刻等待着它被激活。一个发须花白的老人走到广场中央,手里提着木雕山羊头的古斯勒琴,在折叠椅上稳稳坐下,用膝盖垂直固定琴身,左手手指放在琴弦上,右手持马尾弓压住弦,一种非常戏剧性的声音经过话筒逐渐扩散,尖锐,高亢,雄浑,充满不协调感。我不懂音乐,但我觉得音乐应该听上去协调,但我的感性"常识"在古斯勒琴这里不管用。老人开始吟唱,声音里浸透了情绪,止不住颤抖,比古斯勒琴声更不协调。负负得正,两股声音的气流冲撞成一股强大的能量,空气在颤抖,在场的人被这张声波的网笼罩,动弹不得。

老人唱的是塞尔维亚史诗,古斯勒琴为了史诗而存在。巴尔干这个地方,自古贫瘠而寂寞,群山绵延,隔绝了与外界的阡陌交通,无论是高地还是平原,乡村生活的孤独和沉闷在巴尔干人的基因里形成一种世代积累的情绪性能量,上战场时,唱歌跳舞时,饮酒作乐时,农耕放牧时,这种情绪能量会以最富戏剧性的方式释放出来。古斯勒琴演奏者的脸都是扭曲的,正如我眼前的这位老者,他同时被悲伤和崇高感两种强烈的情感折磨,从他手中喷洒出的被奥斯曼帝国奴役五百年的巴尔干悲剧音符绵延不绝,从他口中则淙淙流淌出英雄们为了自由而向上帝献祭自己的热血。

琴声和老人的吟唱声同时抵达最高处,古老的伤口再一次被撕裂,那是塞尔维亚人战败的声音,是他们在失败中向命运发出质问的声音。那声音执拗地追问宇宙:失败一次后迎来的为什么还是失败?现代人恐怕没有办法消化这种演奏形式,它太过强烈,以至于失真,让人感觉恍若隔世。中世纪的英雄传统已经被现代世界拦腰切断,平淡倦怠的日常成为亟待被守护的新价值。我想从这场露天音乐会中逃离,我扭过头去,看见身后的一个大婶悄悄地抹掉了眼角的泪水。

9月17日　雾转晴　　"我们是塞尔维亚人,就是这样!"

村子里迎来了一年中最热闹的一天。早晨九点,木屋外人声鼎沸,孩子们在石子路上吵吵嚷嚷,一大早已经有人在卖烤面包和肉卷,冰激凌手推车各就各位。那棵巨大槭树所在的林中空地也被过来赶集的五花八门的小摊儿占满了。李子白兰地和苹果白兰地当然是无限供应的,小摊儿上摆满了蜂蜜、葡萄酒、香肠、果酱、塞尔维亚奶酪、绣满金银丝线的民族小坎肩、翘着尖角的传统凉皮鞋、用优质羊毛编织而成的绚丽的手工缂织毯、放在水桶里的大把的艳丽花朵……这些东西一百年前就在这里了，它们身上存在着一种无法消除的活力，让塞尔维亚人在连续的苦难历史间隙得到片刻愉悦。

我穿过林中空地，准备去露天广场观摩文化集会的闭幕典礼。我发现自己被一群欢乐的人包围，自己也变得快乐起来。他们交谈，争论，欢笑，讨价还价，呵斥孩子，喂养婴儿，照顾老人，挑选鲜花，品尝烈酒，他们会突然往草地上一坐，甚至直接躺下休息，周围人的反应表明这很稀松平常。

我喜欢他们的松弛，当整个世界都已经因为全球化浪潮疲倦而紧绷，这些"野蛮人"依然故我地流露出随性而至的艺术家天性。他们是塞尔维亚人，他们激动了就站起来用力捶桌子，高兴了就搂着人转圈，兴奋了就在草地上狂奔，累了就直接躺倒，他们不太明白边界的含义。我想起一个村民教我的一句塞族俗语："我们是塞尔维亚人，就是这样！"（Takvi smo mi Srbi!）

历史用残酷的事实证明，没有边界感给这个民族带来了无尽的麻烦，但我弄不明白，悲剧的到来究竟是因为这个民族的气质本身就受到诅咒，还是只因为世界是按照另一套法则来运转的。如果人与人之间真的如宗教所宣扬的那样，希望消除边界与隔阂，抵达物我合一的和谐境界，为什么又在现实的运行中不断竖立新的围墙，并且进行可笑的自我说服：边界是必要的。

思考这些无解的困境总让我头疼欲裂，我在冰激凌车前面停下来，买了一个樱桃味的冰激凌蛋卷，沁凉甜蜜的果味冲淡了思考的疼痛感。我跟随人潮涌向露天草地广场，中间的石头舞台还空空荡荡的。等一会儿，那里会有数名重要文化官员发表自以为很重要但其实无人在意的讲话，会有一个从萨格勒布（Zagreb，克罗地亚首都）赶过来的东正教大主教发表长达30分钟的演说，最后是穿着中世纪服装的姑娘小伙子围着圈跳巴尔干的民族舞蹈科罗舞（kolo）。

烈日当头，广场毫无遮挡物，这些质朴的农民可能从未考虑过娇气的现代人对紫外线的容忍度。汗水湿透了我的衬衫，我沐浴在太阳360度无死角的光辉中，几乎要厥倒。没有人打伞，也没有人离开，因为大主教就坐在我们中间。他已年过七十，慈爱之光福被子民，既然他在这酷热之中安之若素，我们又岂敢造次。

特尔西奇的文化集会，也叫作武克萨博尔（Vuk Sabor）。"Sabor"这个词源于古教会斯拉夫语，表示"集市或节日"，随着时间推移，它获得了多层次的意义，不仅表示民间庆祝活动，也可以表示经济、文化或政治活动。在中世纪，"Sabor"用来指代政治机构，是村民处理行政事务的集会。塞尔维亚的中世纪王朝垮台后，"Sabor"也失去了存在意义。但文艺复兴的旋风也拐着弯刮到了巴尔干半岛，"Sabor"传统复苏了，不是因为塞尔维亚人多么在意文化传承，只是因为他们想寻找一个可以经常互相见面的理由。"Sabor"在春天和秋天的宗教节日里举行，它再次成为人们结识和聚集朋友的最好机会。

在塞尔维亚文化中，节日是献给东正教圣人的，因此武克萨博尔显得特别。武克·卡拉季奇，这位塞尔维亚民族语言与文学改革之父，享有唯一一个专门为尚未封圣的人举办的节日。因为他太重要了。这个1787年出生在奥斯曼帝国治下特尔西奇村的苦孩子，生下来就先天不足，再加上卡拉季奇家族的孩子存活率都很低，父母担心养不活他，于是给他起名叫武克（Vuk），意思是"狼"，这样女巫和邪灵就无法伤害他。虽然18世纪的塞尔维亚早就归顺东正教，但多神教崇拜还是融进了南部斯拉夫人的潜意识中。

这个体格羸弱的孩子无法在肉体上为他的国家效劳，但他将聚拢塞尔维亚的民族精神之火，收集散布在荒原和深山里的零星火苗。这些火苗会拢成火堆，塞尔维亚人围坐在火的面前，膝盖上架着古斯勒琴，开始吟唱属于自己民族的悲情神话。火焰燃烧后的灰烬被卡拉季奇做成墨水，用来书写那些他走访乡村歌手和牧羊人得来的民间歌谣。他把这些口头材料加工整理，对塞尔维亚的语言和文学进行大刀阔斧的改革，塞尔维亚语再也不是俄国教会斯拉夫语的附庸，它有了自己严格的书面语语法，有了以黑塞哥维那方言为基础的口语系统，有了以塞尔维亚史诗为源泉的文学传统，卡拉季奇培育了塞尔维亚民族意识的灵魂的花朵。

大主教正在广场中心演讲。他用低沉的声音持续诉说着武克·卡拉季奇对塞尔维亚人心灵洒下的圣水，我想到特尔西奇村子那所以他名字命名的小学。每天散步我都会经过它，经常能听到从漂亮的石屋教室传来的孩子们朗读的童稚和声，我觉得，这才是卡拉季奇和他的语言助手不辞辛劳地走遍巴尔干崎岖山脉的意义。当他还是一个孩子时，瘦弱的小武克每天都要独自穿过森林，沿着山路步行数公里路，去往特罗诺莎（Tronoša）修道院上学。那时候的塞尔维亚根本没有正经的学校，修道院承担了全部的教育责任，可是修女和教士们无力承担学生的食宿，他们实在是太穷了，能不能活下来都是个大问题，小武克大部分时间都在为修道院放羊，直到父亲把他领回家。

有时候历史真是太不公道，我义愤填膺地想，如果历史给塞尔维亚这个民族打下过什么标志性烙印的话，贫穷一定是其中之一。贫穷渗透进塞尔维亚历史故事的每一寸毛细血管，唯一庆幸的是，它并没有必然走向灰心丧气的结局。

9月18日　晴　　一把南斯拉夫的旧钥匙

米洛斯拉夫这人很可爱，一个人的时候永远都在打电话，你简直怀疑他的工作就是接线员。遇到我以后，又总表现得像第一次看见我一样，嘿，你好吗？在村子里快活吗？他瞪着圆鼓鼓的棕色眼睛，用力握住我的手，来回地晃，我几乎要摔在地上。

米洛斯拉夫是一个喜欢讲笑话的历史学家，作为塞尔维亚西部民族志的研究者，他却从不肯给我讲严肃的历史知识，而是用只有巴尔干人才能理解的笑话取而代之。每给我讲完一个笑话，他就难以抑制地哈哈大笑，像个孩子一样地跺脚，就差钻桌子底下了，我则一脸问号地傻坐在那里。"文化休克"这种症状，总是时不时就会发作一下。

正当我们漫天胡扯着对方都不能理解的笑话时，他的同事索尼娅加入进来。以下是我们的对话：

我：不要再给我讲笑话了！我理解不了！让我们严肃地谈一谈吧！

米洛斯拉夫：你这么说话可真像个南斯拉夫时代的技术监测员！生活还不够严肃吗？

索尼娅：我们这些生活在西部深山里的塞尔维亚人啊，天生就是嘻嘻哈哈的，请你原谅！

我：啊哈！就是这个，塞尔维亚这么小，可是东南西北人还都性格那么不一样！

索尼娅：是的是的……我在诺维萨德（Novi Sad）完成了学业，可是我告诉你，我一点也不喜欢那些伏伊伏丁那平原上的同胞。

米洛斯拉夫：索尼娅的意思不是说我们讨厌自己的同胞，而是说道不同不相为谋。

索尼娅：伏伊伏丁那的塞尔维亚人都是慢动作的爱好者！真受不了！走路慢吞吞的，说话也慢吞吞的，他们有很好的教养，很好的品位，他们像匈牙利人一样生活，克制，保守，擅长忍耐。可我们这些山里的塞尔维亚人呢，我们接近波斯尼亚人，我们喜欢唱歌跳舞，非常情绪化，自由奔放，很容易对陌生人敞开自己。如果一个人在林子里迷了路，就算我们不认识他，我们也会请他来喝一杯拉基亚酒（rakija）！

我：诺维萨德人也不喜欢你们吗？

索尼娅：（撇嘴）我看是这样。他们尤其不喜欢从黑山北部、塞尔维亚西部过去的塞族人，他们甚至还创造了一个词来侮辱我们——Do oši，意思是从塞尔维亚其他地方来伏伊伏丁那生活的人，这是一个贬义词。不过这么做是无济于事的，Do oši们正在慢慢改变伏伊伏丁那的性格。

米洛斯拉夫：最明显的差异呢，是喝咖啡的习惯。洛兹尼察人都喝土耳其咖啡，甜蜜又随性，但伏伊伏丁那人就爱浓缩咖啡，苦涩又冷静。

我：这没什么奇怪的啊，伏伊伏丁那被匈牙利统治了那么久，当然更中欧一点了。塞尔维亚西部五个世纪都归奥斯曼人管，肯定习惯了土耳其咖啡。

米洛斯拉夫：其实我们和德里纳河（Drina）对岸的波斯尼亚人基本上没有区别。我小时候经常与对岸的小伙伴一起在德里纳河里捉鱼，水流有时候特别急，有一次差点把我给冲走了！

我：但是南斯拉夫不存在了，你们现在还能和小时候那样，在德里纳河两岸自由活动吗？

米洛斯拉夫：政治边界的确长了出来，但是对于我们这些德里纳河两岸的塞族人来说，那不过是一条柔软的边界。它能给政治家带来幻觉，但它可骗不了老百姓。

傍晚散步后折返木屋，我准备锁门休息。锈迹斑斑的铜钥匙在锁眼里艰难地转了一圈，我听见轻微的"咔嚓"一声，暗叫不妙，难不成钥匙折了？我迅速拔出钥匙，果不其然，它断得明明白白。万万没想到我把自己反锁在了木屋里。我打电话给米洛斯拉夫，请他想办法放我出去。哦，不，小木屋很好，我享受这田园牧歌式的生活，但是我没打算在这里进入永恒。

十五分钟后，乡村饭馆的老板戈兰拎着一长串铜钥匙出现在我的门口，与我隔门喊话：你都好吗？我很好！你等一下，我手里有30把差不多的钥匙，我也不知道哪一把能开你这扇门，容我一把一把地试过来！我能说什么，等待是我唯一的救赎。这些不可思议的塞尔维亚人。我坐在门口的地板上，听戈兰隔着门板自言自语：ok，这把不对，下一把……试到第21把时，芝麻开门了。

木门吱呀一声慢悠悠地打开，我获准进入一个新世界。戈兰拥抱我，拍着我的背，一副又好笑又抱歉的模样。实在对不起，听说中国人现在已经可以刷脸开门了，而我们只能给你一把铁托时代的钥匙，而且它还掉了链子。可见就连在我们这个深山里的村落，"南斯拉夫"也行不通了。

9月20日　晴　　关于那个"欧洲"

武克萨博尔文化集会落幕后，村子里恢复了往日的宁静。山中一日，犹如四季。早晨山雾弥漫，中午烈日当空，下午清风徐徐，夜晚繁星满天。偷得浮生一日闲，我无所事事，坐在林中长椅上，和米洛斯拉夫和他的同事安娜两个人扯闲篇。

【一些对话片段】

我：我蛮好奇的，特尔西奇这么偏僻，有没有德国法国的西欧游客过来？

米洛斯拉夫：没有。我们的宣传不够，也懒得弄。我们不信任欧洲人。

我：你不是欧洲人？塞尔维亚不是欧洲的一部分？

米洛斯拉夫：老生常谈的问题了。整个西巴尔干都在很没志气地排队，乞求加入欧洲大家庭（指入欧盟），这个事就像一种双重骗局。

安娜：政治让我头疼，我给你们煮土耳其咖啡吧？琳，我总是担心你不喜欢我放太多糖……

我：请发挥你的想象力，煮你认为最好喝的土耳其咖啡！原谅我那天对你说土耳其咖啡因为不过滤而会升高胆固醇的蠢话。人生苦短，为什么还要限制一杯油脂咖啡的自由！

（安娜笑得花枝乱颤，回屋去煮咖啡）

米洛斯拉夫：就是这样，我们有自己的生活逻辑，为什么意大利浓缩咖啡就一定比土耳其咖啡高级？为什么西欧就一定比巴尔干高级?我不信任欧盟,我更喜欢你的国家。中国和我们合作,从来不开条件。政治归根到底也是讲信任,信任不应该有条件。

我:政治是讲信任?哦,我认为政治就是博弈。不过我知道,欧洲"接纳"你们的前提是你们承认科索沃独立,但这是一个死结。

米洛斯拉夫:承认又怎样?下一个条件是什么?永远有下一个条件,因为这是帝国主义的政治。上帝保佑,塞尔维亚经历的帝国式压迫还不够多吗?从奥斯曼帝国到奥匈帝国,从沙皇俄国到纳粹德国,我们熟悉帝国的每一次呼吸,我们连他们的口臭的区别都能闻出来!

安娜:咖啡好了,这回很成功。喝完这杯咖啡,我们可以用杯底的咖啡渣占卜一下塞尔维亚的未来……(笑)我也说说我的想法可以吗?当年我被迫放弃了博士学位,有一个重要的原因:我的论文题目被否定了,这让我很受打击。我想谈论那些在塞尔维亚被迫消失的人,亚历山大·兰科维奇(Aleksandar Ranković)、拉多万·卡拉季奇(Radovan Karadžić)、拉特科·姆拉迪奇(Ratko Mladić)、佐兰·金基奇(Zoran Đinđić),这些人在我们自己国家也成了不能公开讨论的名字,因为我的老师说,学院担心这样的讨论会让欧洲不高兴。还有比这更荒唐的吗?

我:那么你也不信任欧盟?

安娜：我承认塞尔维亚社会有一小部分人是希望加入欧盟的，其中一部分是知识分子，一部分是年轻人。他们有自己充分的理由，也应该得到尊重。但我认为，是否加入一个组织，不应该是我的国家的重心。我们应该有自己的独立性，建设自己的家园。我们去串门是可以的，也可以互相做个好邻居。但我们应该让孩子们在自己家里更有安全感，而不是让他们总想着去别人家打地铺。

9月21日 多云   为什么德里纳河总是那么寒冷？

米洛斯拉夫和达科两个人临时决定今天带我去德里纳河，我当然愿意，可是一路上惨不忍睹的路面状况颠到让我怀疑人生：不仅山路十八弯，就算行驶在笔直的道上也够刺激了——达科喜欢开快车，即使路面全是坑和洞，也不能阻止他对速度的向往。洛兹尼察人称这种糟糕的路况为"sama jama"，意思是"布满了洞"，发音古怪，听上去像日语，米洛斯拉夫说他曾经用这个词组忽悠过外国游客，害得他们都以为这条路之所以这么糟糕，完全是因为日本人的错。

我们的小破车在一个石灰岩地面停车场来了一个紧急刹车，掀起好大一阵尘土。这个地方叫太阳河（Sunčana Reka），是德里纳河的分支。我们走过种满了李子树的小道，穿过一片开阔的养马场，来到河边。

这里是浅滩，薄薄的水面像大大小小的膏药一样贴在石灰岩大地上，残损的石床河墩凌乱地杵在河流两边，像一盘没有下完的棋局。作为萨瓦河（Sava）的分支，德里纳河是一条寒冷湍急的高山河流，它的颜色是一种强烈的绿色，这种绿色包裹着无尽的寒意，它并不是生命的颜色，却是由于承载了太多逝去的生命而变得深沉的颜色。清澈而空洞的河流蜿蜒向远处，流向波黑。浅滩两边是野蛮生长的森林，望过去渺无人烟。

我们在浅滩边临时搭建的露天咖啡馆喝新鲜的樱桃汁，看几个穿裤衩的年轻人在河里游泳，穿着及腰防水背带裤的老人站在河中央钓鱼，大家都在开心地嚷嚷着什么。达科指给我看不远处河边森林的一个小岔口，说那是"难民通道"。

有许多叙利亚的难民都来过太阳河，从这里的森林小径蹚水，穿过德里纳河，想从塞尔维亚偷渡到波黑，之后再去西欧，米洛斯拉夫介绍说，河水涨潮的时候，没少淹死偷渡的人。2015年难民潮高峰之后，来自西亚和北非的难民在希腊聚集，然后从马其顿、塞尔维亚等国前往西欧，这条"巴尔干通道"随后被证明让西巴尔干国家不堪重负，塞尔维亚不得已向难民关闭了边境，于是就有了更多铤而走险的人。

总是如此，离开或者留下，生存的几率都差不多，可是求生本能往往会把普通人也逼成冒险家。蜿蜒曲折的德里纳河，太多的冤魂漂浮在水面上。在"一战"刚开始时的塞尔战役（Battle of Cer）中，装备贫瘠但士气惊人的塞尔维亚人把奥匈帝国打得措手不及，数千名奥匈士兵惊慌失措地逃离塞尔山的战场。在这场无序的撤退中，数不清的人淹死在了德里纳河。树林的阴影中冒出一阵阵恶臭，成堆的尸体像垃圾一样浮在河面上。在生命面前，死亡就是非正义。

之后便是"一战"中巴尔干战线最血腥的德里纳河之战（Battle of the Drina），奥匈帝国四万人伤亡，而塞尔维亚三万人伤亡，数字成为毫无意义的标记，战争的结果甚至也是模糊的记忆，谁输谁赢已经没有人关心。我爬上桥墩，俯下身，想伸手探一探水温。达科在我身后，孔武有力的胳膊紧紧攥住我的另一只手。我确实生怕自己滑下去，我想到了漂浮在德里纳河面的尸体，那些撤退士兵的冤魂，死在流离途中的难民，也许因为他们多年来在这片水域的上方流连不去，德里纳河才总是这样寒凉，我打了个冷战。

回去的路上，我们在一个名叫特克里什（Tekeriš）的小村子歇脚，顺便参观了纪念塞尔战役的人骨纪念堂和小型博物馆。博物馆里有一个场景特别刺眼，它提醒我，非正义在战争还没有开始前就一直存在——一个橱窗陈列着"一战"中奥匈帝国士兵和塞尔维亚士兵的整套服饰。没有对比就没有伤害,这边奥匈帝国人配备的是耐用英挺的防湿皮靴,那边塞尔维亚士兵却只能穿传统的奥帕纳克(Opanak),一种巴尔干半岛的农民皮鞋。塞尔维亚士兵穿着这种尖鞋头的凉皮鞋走上战场,它不仅不防水,甚至因为没有鞋带而显得特别松垮,你几乎跑不起来。

塞尔维亚人穿着这样的鞋子,沉默地扛下了随后的所有战役,直至1915年的至暗时刻。年迈的彼得国王拖着那条因为严重风湿而完全瘫痪的瘸腿,带着30万残兵剩将,往阿尔巴尼亚的雪山深处撤退,以期最后在希腊的科孚岛(Corfu)获得上帝的怜悯。大部分人死在了路上,饥饿、严寒、伤病和枪炮夺走了他们的生命,可是活下来的人还没有对生命彻底厌倦。比地狱更冷的冬天结束了,塞尔维亚人躺在科孚岛贫瘠的沙滩上休养生息,那一张张营养不良的脸,因为感受到了春天的气息而重新亮了起来。

博物馆门口的草地上躺着一块古怪的木头牌子,上面刻的字模糊不清,牌子后面是一棵弱不禁风的桃子树。这实在新鲜,我赶忙询问米洛斯拉夫。故事是这样的,塞尔战役中的某一天,天气酷热难耐,一个士兵正站在这里啃桃子,桃子吃到一半,炮弹迎面袭来,士兵即刻毙命,桃核却卡在了喉咙里。尸体迅速地腐烂了,但是桃核进入了土地深处，长成了一棵树。塞尔维亚人把这棵树给保护了起来，据说阵亡的士兵还不到十五岁。

塞尔维亚有句谚语，"赢得胜利的不是闪亮的武器，而是勇敢的心"。谁也没料到，一无所有的塞尔维亚会赢得这场实力悬殊的战争。说起来，塞尔维亚人很为这场战争而自豪。后世总有不明真相的人谴责塞尔维亚人好战，但他们只是不畏惧战争。这些荷马的精神后裔，没有别的选择留给他们。

如果再深入一点历史，你会十分震惊于塞尔维亚在近代无数的大战爆发前被列强百般挑衅后攥紧拳头的那种忍耐力。他们想保卫自己的家园，对帝国的挑衅已经忍无可忍，塞尔战役让他们实现了梦想。奥匈帝国低估了他们的顽强，低估了这些南部斯拉夫人在四面楚歌的生活情境下对于存在的不屈的渴望。它再次证明了生存完完全全是一种奇迹，一种意志，而不是生命的体征。

米洛斯拉夫告诉我，至今没有一个讲德语的游客到过这里参观。

9月23日　晴　　光就是一种爱

今天是我离开村子返回贝尔格莱德的日子。我的小狗跟班小分队都来村口给我送行（万物真的有灵！），饭馆老板戈兰跑出来,递给我一瓶冰镇矿泉水、一瓶拉基亚酒,让我路上解闷喝(是的,喝白兰地来解闷!)。

我坐进车里,摇下车窗和村民们挥手道别。秋风温柔地吹拂着所有人的头发,阳光和微风代表着阴与阳两种力量,它们进入了每个人的灵魂。刚柔并济会形成一种光,而光就是一种爱。

总是如此,
离开或者留下,
生存的几率都差不多。

/ 柏琳

斯雷布雷尼察：
漫长的阴影

撰文　刘子超

一

阿德南是我在萨拉热窝认识的朋友，身材魁梧，长着一张拳击手的面孔，右上颚缺了一颗牙齿，笑起来时就会露出一个黑洞。1992年，萨拉热窝围城开始时，他才两岁，父亲丢下母子上了前线，母亲带着阿德南和他四岁的哥哥熬过了那漫长且艰苦的1425个日夜。

围城并未在阿德南心里留下太多阴影。毕竟，他对那段日子几乎没有多少记忆。不过，物资那么短缺，还要拉扯两个嗷嗷待哺的孩子，我实在难以想象阿德南的母亲是怎么熬过来的。

成年后，阿德南曾在饭桌上向母亲询问过那段日子的情况，但她总是轻描淡写，不愿多言。

"我只是经历了每个萨拉热窝人都经历过的事情。"母亲这样回答。

作为在萨拉热窝长大的波什尼亚克族男孩，阿德南通过学校的历史课了解那段历史，但他并不满足于此。他热衷阅读一切有关萨拉热窝的书籍，在书页间悉心探索这座城市的往昔。

关于波黑的现状，他不仅熟悉穆斯林一方的观点，也了解塞尔维亚族一方的看法。这让他对波黑的现状有了更为平衡的认识，也意识到政治上的死结并非那么容易解开。

阿德南对萨拉热窝怀有深深的感情，有时面对现实的窘境，他会产生一种强烈的挫败感。不过，每当走在萨拉热窝的大街小巷里，感受着这里悠久的历史和文化，涌上心头的自豪感又会把挫败感像饼干一样压碎。

战后的复苏缓慢而艰难。《代顿和平协议》将萨拉热窝变成了一座几乎全是波什尼亚克穆斯林的城市。塞族人口集体迁移至萨拉热窝以东的小镇帕莱（Pale），那里亦被称为"东萨拉热窝"。国际社会向波黑派驻了拥有广泛权力的驻波黑高级代表。各种国际机构、援助机构和NGO组织，相继在萨拉热窝设立办公室。

对萨拉热窝本地人来说，这些国际机构和组织的雇员构成了一个遥不可及的社会阶层，他们的收入也远超本地标准。在更广泛的政治层面，谁能获得高级代表的青睐，谁就能拥有话语权，因为这位欧洲官员具备制定和废除法律的权力。

在阿德南眼中，波黑当前的状态与殖民时代的"委任统治"有着惊人的相似之处。在这样的环境下成长，他清楚地意识到，外国人在这个国家所享有的特殊待遇。

大学时代，阿德南的专业是政府管理。毕业后，他希望能进入稳定的公务员系统工作。但在波黑，倘若没有足够的人脉，进入这一体系几乎是不可能的。阿德南的父母都是普通市民，他的叔叔虽然曾在政府部门任职，但那已是南斯拉夫时代的往事。阿德南明白，时代已经变了，他只能依靠自己的力量谋生。在一个官方失业率极高的国家，这无疑是一项艰巨的任务。

还在上大学时，阿德南就像个"社牛"一样，整日在老城各处游荡，走进咖啡馆和餐厅，主动与外国人攀谈。他热情地提出为人家做导游，也乐得向游客们展示他的历史知识。外国游客对阿德南青睐有加，不仅因为他持论公平，兼顾各方观点，也因为他对游客的心理洞察入微。尽管在叙述历史时他总保持着客观的立场，远离任何民族主义的偏见，但他总能恰到好处地激发起游客对波什尼亚克族的理解与同情。他深知，施舍同情同样是游客的一种心理需求。

以本地标准而言，阿德南收获了可观的小费，还顺带练就了一口带点波斯尼亚口音的流利英语。到了2014年，他找了一位合伙人，在老城开起一家旅行社。按照他自己的说法，成了一名商人。

凭借着热情与闯劲，旅行社的业务一度蒸蒸日上，巅峰时期招揽了十多名雇员。但未曾预料，新冠疫情的肆虐让国际旅行陷入停滞。本以为几个月就能结束的疫情，竟然持续了三年之久。在这期间，阿德南迎来了新的家庭成员——他的妻子怀孕并生下了一个大胖小子。与此同时，雇员一个接一个地离职转行，最后只剩下阿德南和他的合伙人坚守阵地。

初为人父的阿德南焦头烂额。最艰难的那段时间，他只能依靠送外卖来赚取奶粉钱。阿德南形容，那段日子可是比围城还惨痛的经历，令他对"绝望"这个词有了更切身的体会。

萨拉热窝的冬天是旅游淡季，旅行社的生意依旧不见起色。因此，我不费吹灰之力便说服了阿德南陪我前往斯雷布雷尼察（Srebrenica）。我需要一名翻译和司机，而阿德南不仅英语流畅，还拥有一辆二手的大众Polo车。

斯雷布雷尼察位于波黑东部，紧邻塞尔维亚边境，是塞族共和国境内的一块穆斯林飞地。1995年7月，波黑战争已近尾声，这里发生了一起震惊世界的种族屠杀事件。

波黑塞族军队在拉特科·姆拉迪奇将军的指挥下，占领了联合国划定的"安全区"，在短短数日内屠杀了约八千名波什尼亚克族男性。这场惨绝人寰的屠杀，后来被国际

旅行 △ 斯雷布雷尼察：漫长的阴影

刑事法庭定性为种族灭绝，成为自第二次世界大战以来，欧洲最严重的种族屠杀事件。

如今，斯雷布雷尼察已经淡出人们的视野。我想去那里看看近三十年后的情况，走访大屠杀的幸存者。我原本打算乘长途汽车前往。不过，大屠杀之后，斯雷布雷尼察的常住人口骤减——到了冬季，连长途汽车也停运了。

二

一大早，阿德南就开着他的红色Polo汽车来老城接我。他的头发凌乱，神情疲惫，看上去颇为憔悴。我问他怎么回事，他告诉我，儿子昨夜哭闹不止，搞得他彻夜未眠。

他的妻子本有一份工作，但现在不得不回家专职带孩子，这让家庭的经济负担突然压到了阿德南一人肩上。他感叹了一番过去自由自在的好时光，然后问我有没有孩子，孩子多大了。我开玩笑说，孩子还在白垩纪。他听后笑起来，露出右上颚的黑洞。我们即将踏上前往斯雷布雷尼察的旅程，往返需要一整天的时间。我知道有必要不时跟阿德南开两句玩笑，让他保持清醒。

我们驱车向东，进入山区。阿德南告诉我，这片山脉是迪纳拉阿尔卑斯山脉（Dinaric Alps）的一部分，它横跨斯洛文尼亚、克罗地亚，蜿蜒至此，然后转向塞尔维亚，最终延伸至科索沃。我想起自己之前乘车翻越迪纳拉阿尔卑斯山、前往里耶卡（Rijeka）[1]的情景。这么说来，经历了如此漫长的旅程，我其实还没有离开这座大山的势力范围。

透过车窗，我望见山顶披着茫茫白雪，雪中的冷杉林像被淹没的刀片，在晨曦中闪耀。几匹枣红色的马踏着轻盈的步子，巡游在一片雾气弥漫的雪原上，宛如一幅剪影画。

阿德南告诉我，那些是野马。波黑战争期间，马场的主人被迫离开，这些马的先辈们开始了自由的生活，至今可能已经是第三代了。

"人类离去后，动物反而可以过得更自在。"阿德南感叹，"我在网上看到，切尔诺贝利现在已经被森林重新覆盖，熊、鹿之类的动物都回到了那里。"

"这儿有熊和鹿吗？"我好奇地问。

"当然有！斯雷布雷尼察过去以狩猎闻名，全是熊那样的大家伙！"阿德南说，"南斯拉夫时代，很多欧洲人会去那里打猎，之后享受矿泉疗养。斯雷布雷尼察也以矿泉水疗闻名。"

"现在的情况怎么样？"

---

[1] 里耶卡位于克罗地亚西部。

"等我们到了，你自然会知道。"

离开萨拉热窝不久，我们便驶入了塞族共和国境内。虽然这里不设检查站，但一路上的房屋普遍悬挂着塞族共和国的旗帜——红、蓝、白三色，泛斯拉夫的颜色，与塞尔维亚的国旗如出一辙。

我们驶过一座带有中文标志的矿山。阿德南告诉我，这是一家中国投资的矿厂。不远处便是一个小镇，居民几乎都是塞族人，许多人都在矿场工作。经过小镇时，阿德南将车停在路边，我们下车舒展筋骨。天空昏暗，厚厚的灰霾笼罩着连绵的山峦。

"找个地方喝杯咖啡，提提神怎么样？"我提议道。

我们步入路边的一家咖啡馆，找了张桌子坐下。旁边，几名塞族矿工默默地喝着咖啡。电视正在播放塞尔维亚新闻，科索沃地区似乎再次出现了紧张局势，一群塞族示威者正在镜头前激动地表达抗议。

"局势看起来不妙。"阿德南边看电视边说。

"比这里的情况还要糟？"我问。

"是的，更糟。"阿德南笑了。

"我接下来打算去科索沃。"我透露了自己的计划。

"真的吗？"他有些惊讶。

"我会先去塞尔维亚，再去科索沃。"

"如果是我，我会谨慎一些。"阿德南认真地看着我说。

"波什尼亚克人怎么看科索沃的情况?"我问。

"多数人同情阿尔巴尼亚人——我们都是穆斯林,大家对塞族人都不太有好感。但我们也不希望看到科索沃的局势失控。你知道的,巴尔干的国家是相互牵连的,一旦科索沃的局势失控,波黑这边的矛盾也可能会被激化。"

"到时可能发生什么?"

"可能会一片混乱。"阿德南回答。

我小口喝完波斯尼亚咖啡,然后拿起水杯,喝了一口,这才注意到杯子上印着普京的肖像。

我们留下几个波黑马克,匆匆离开了咖啡馆。一回到车上,阿德南就迅速发动引擎。红色Polo车扬长而去,转眼就将这座矿业小镇甩在了身后。

三

经过三十多公里的乡村风光,我们到达了德里纳河边一个不显眼的村落。路边矗立着一座孤零零的新建房子,乍看之下平凡无奇。不过,阿德南还是将车停下来。他向我介绍说,房子的女主人叫法塔·奥尔洛维奇(Fata Orlović),一个在波黑家喻户晓的名字。

法塔出生于1942年,那时这里仍属于由法西斯组织"乌斯塔沙"掌控的克罗地亚独立国。随着第二次世界大战的结束和克罗地亚独立国的覆灭,铁托建立了社会主义南斯拉夫,法塔也成了南斯拉夫的一名公民。

这片土地与塞尔维亚隔河相望,塞族人口占据多数。但历史上,这里也有一些穆斯林城镇,通常是奥斯曼帝国时期的战略要塞。阿德南比喻说:"你可以把这里想象成一片塞族人的汪洋,而在这片汪洋中,点缀着几座穆斯林的小岛。"

不过,即便在穆斯林主导的城镇,也有塞族人比邻而居,这恰恰反映了整个巴尔干半岛混居多元的特性。阿德南说,波黑战争期间,塞族共和国军队试图终结这种多元状态,企图把这片土地变成纯粹的塞族聚居地。

南斯拉夫时代,法塔在这里安家立业,生育了四女三男,还拥有四栋房子和四座马厩。波黑战争爆发,她和德里纳河谷的许多波什尼亚克人一样,被塞族军队逐出家园。带着七个孩子的法塔,最终在瑞典寻得庇护。她的丈夫和其他二十多名男性亲属,在斯雷布雷尼察大屠杀中惨遭杀戮。

2000年,战争结束五年后,法塔独自回到家乡。她发现昔日的房舍和马厩已经荡然无存,一座塞尔维亚东正教堂耸立在她的庭院原址,成为附近塞族居民的礼拜场所。

法塔将东正教会告上法庭,坚持要求拆除教堂。在一个族群矛盾激烈和宗教信仰高度对立的国家,她的斗争可谓艰辛重重。法塔的诉讼成为一场持续二十一年之久的马拉松式战役。在这期间，她遭遇过断水断电、人身恐吓，甚至死亡威胁，但她始终拒绝让步。

阿德南告诉我，所有波什尼亚克人都支持法塔，因为这座教堂已经成为波什尼亚克族颠沛流离的见证——法塔正是在为族群的历史和身份而斗争。

2021年，法院终于裁定拆除教堂。法塔的律师建议她继续对二十一年来遭受的种种伤害和恐吓提起诉讼，但法塔选择了释怀。她已经是一位年过八旬的老人，独居在这里，她的子女已经作为难民在瑞典安家。法塔深知，一旦她本人离世，这片土地的未来或将再次成为未知数。

法塔的房子距离斯雷布雷尼察仅有咫尺之遥。不久，我们便路过一座谷仓——这里曾是首批集体处决的发生地。谷仓原是一户穆斯林家庭的产业，悲剧过后，这个家庭已是家破人亡。现在，谷仓被某个塞族人改作停车场，这一幕让阿德南难掩愤怒。

"他们肯定清楚这里发生过骇人听闻的暴行，但他们完全不在乎。"阿德南说。

我注意到，越是靠近斯雷布雷尼察，波什尼亚克族的家庭就越多。很明显，和法塔一样，一些波什尼亚克族选择回到这里，继续他们的生活。

"这是他们的家园，他们的土地，这一点毋庸置疑。但在发生过种族屠杀的地方继续生活，他们不会感到害怕吗？"我问阿德南。

"怎么可能不害怕？"阿德南回答，"但人就是这样。如果你认同自己是这个小社群的一部分，你就不会轻易放弃。处境越艰难，你越会坚持做自己。"

四

大屠杀纪念馆位于一座废弃的电池厂内。战争期间，这里曾是联合国维和部队驻地。1993年4月，联合国宣布斯雷布雷尼察为"安全区"。在此之前，已经有成千上万名波什尼亚克难民逃至此地，希望得到庇护。

1995年7月11日，塞族军队在拉特科·姆拉迪奇将军的指挥下占领了斯雷布雷尼察。那时，约有四万五千名绝望的波什尼亚克难民挤在这座小镇上。在联合国基地内，另有五千人避难，外面还聚集着数以千计的难民，渴望得到保护。但是，四百名荷兰维和部队的士兵已经无法控制局势。

波什尼亚克女性被迫与男性亲人分开，登上离开的车队，期间许多人遭受了强奸。在接下来的几天里，超过八千名波什尼亚克族男子在不同地点遭到处决，他们的遗体被匆忙地埋葬在乱葬坑里。

大屠杀纪念馆内设有一个名为"斯雷布雷尼察种族灭绝——国际社会的失败"的大型展览，通过照片、实物和幸存者的视频证词，讲述那段血腥的历史。

一个裹着羽绒服的女孩先为我播放了一部三十分钟的纪录片。她是个年轻的波什尼亚克姑娘，爷爷在那场屠杀中丧生，因此母亲最初强烈反对她来这里工作。

女孩告诉我，她和母亲已经搬离斯雷布雷尼察，目前居住在我路上经过的那座矿业小镇。因为那是附近唯一一座稍具规模的城镇，有商场、餐厅和医院等便利设施。她有一些塞族的女性朋友，但她们从来不会触及与民族有关的话题。她的朋友们并不知道她在大屠杀纪念馆工作。她只是告诉她们，自己在一家非营利组织上班。

女孩刚刚大学毕业，在这里工作了几个月。她告诉我，她喜欢这里，因为能在同事中找到一种归属感。

"是什么样的归属感？"我问。

"我们都是生活在塞族共和国的波什尼亚克族。"她说，"我们都有亲人在大屠杀中丧生。"

女孩微笑着离开，让我一个人继续观看纪录片。阿德南似乎不愿承受影片内容的沉重，说他去外面抽烟等我。房间里没有暖气，冷得如同冰窖，而纪录片的内容就像在冰窖里又放了一大桶冰块，使周围的寒意更甚。

对于当年的波什尼亚克难民而言，仅仅是在这里活下来，已经是一个巨大的挑战。他们中的许多人历尽千辛万苦逃到此地，不少人在逃亡途中就惨遭不幸。那些最终抵达这里的人，曾自认为是幸运儿，却未曾料到联合国的"安全区"最终也无法保证他们的安全。

看完纪录片，我开始仔细地观看展览。展厅内除了我，空无一人。每个房间都没有暖气，清鼻涕像融化的冰川源源不断。幸存者的证词在屏幕上循环播放，他们的声音——时而还掺杂着哭泣声——在空旷的房间中回荡。

在一个展室里，我看到一双双男性死者的鞋子，它们被凌乱地摆在那里，仿佛人体的残骸。有肮脏的工作靴，有鞋底几乎磨平的皮鞋，有绘有卡通图案的运动鞋。有些鞋子依偎在一起，仿佛在寻求温暖。有的鞋子看上去稍显小巧，可能属于刚刚成年的孩子。

阿德南像幽灵一样悄无声息地出现了。原来，这个房间里有太阳，所以他刚才一直待在这里。他向我介绍说，纪念馆的馆长阿兹尔·奥斯曼诺维奇（Azir Osmanović）同样是一名大屠杀的幸存者。他当年只有十四岁，所以活了下来，而比他大一岁的哥哥惨遭杀害。

"对波什尼亚克族而言，十五岁代表成年。"阿德南说，"因此，在斯雷布雷尼察，十五岁几乎成了一道生死的分界线。"

五

纳瑟尔·奥里奇（Naser Orić），曾是塞尔维亚总统米洛舍维奇（Slobodan Milošević）的警卫，后来成为斯雷布雷尼察地区波什尼亚克武装力量的指挥官。然而，在大屠杀纪念馆里，关于这位争议人物的信息却几乎无迹可寻。

战争初期，奥里奇试图控制斯雷布雷尼察周围的乡村地带，以建立与其他穆斯林控制区的联系，从而打破塞族武装的围困。尽管这些努力并未完全成功，但他们的确在塞族统治的核心地带创造了一个庞大的穆斯林飞地。

1992年夏秋之际，奥里奇对斯雷布雷尼察周围的塞族村落发起了一系列攻击。这些行动在塞族社区中引发了巨大的恐慌，许多留守的塞族家庭成为攻击目标。

奥里奇的军队不仅杀害平民，还洗劫他们的粮仓和财产。据统计，至少有三十座塞族村庄和七十个乡村聚落被烧毁，约一千名塞族人遇害。这些行径加剧了双方的敌意，也引发了更为广泛的族群对立。

奥里奇的行为揭示了波黑战争的复杂性，也暴露出双方都曾卷入对平民的暴行。战后，奥里奇因涉嫌战争罪而遭到国际刑事法庭的起诉。他在2008年被判无罪，但他的形象仍然存在争议：在波什尼亚克族人心中，他是民族英雄；而在塞族人看来，他是战争犯的代表。

旅行　斯雷布雷尼察：漫长的阴影

随着塞族军队的推进，斯雷布雷尼察的处境愈发岌岌可危。回顾这段历史时不难预见，一旦塞族军队占领这块飞地，大规模的报复行为几乎是不可避免的。

1992年冬天，斯雷布雷尼察被塞族军队完全封锁，所有通往城镇的道路被切断，这里变成了真正的孤岛。随之而来的是严重的食物短缺，居民们不得不依赖玉米饲料、燕麦和蒲公英沙拉勉强维生。夜晚，城镇笼罩在一片黑暗之中，仅有河上搭建的简陋水车提供微弱的电力。面对饥荒，斯雷布雷尼察的居民陷入了绝望，有时，他们甚至提出用一个塞族俘虏交换两袋五十公斤的面粉。

到了1993年3月，联合国出面斡旋，宣布斯雷布雷尼察为"安全区"，得到联合国的保护。然而，两个族群之间此前的仇杀，已将民族主义的怒火彻底点燃。

1994年2月，荷兰维和部队接替加拿大，被派遣到斯雷布雷尼察，维护安全区的和平。荷兰士兵装备简陋，人数不足，行动受到联合国的严格限制。当塞族军队逼近时，荷兰人的局限性变得显而易见：他们对局势的严重性估计不足，对平民的保护措施远远不够，他们请求的空中支援迟迟未到，而国际社会的响应也显得迟钝无力。在塞族军队的强大压力下，荷兰维和部队最终选择撤退，将斯雷布雷尼察拱手交给愤怒的塞族人。

在这座昔日维和部队的旧址中，依稀可见往日的风貌：荒废的工厂遗址，遗弃的机械设备，一扇锁紧的门后是维和部队的食堂，墙上悬挂的菜单上写着"250克T骨牛排，售价7.5德国马克"。

在厂房光秃秃的墙壁前，陈列着曾在这里避难的人们留下的遗物和他们的生平故事，所有故事都以同样的结局收场。

墙壁上，荷兰士兵的涂鸦依旧清晰可见，其中一些甚至带有种族歧视色彩。我又一次想起了波斯尼亚女艺术家塞拉·卡梅里奇（Šejla Kamerić）的作品《波斯尼亚女孩》（*Bosnian Girl*）。在踏上巴尔干的旅程之前，我曾在奥地利的格拉茨美术馆（Kunsthaus Graz）见过这幅作品——它的灵感就取自这些涂鸦。

那是一张海报，黑白照片中的女艺术家穿着白色背心，面容严肃，目光坚定，直视镜头。海报的背景是一句荷兰士兵留下的涂鸦："没有牙齿？长着胡须？闻起来像粪便？波斯尼亚女孩！"

这些冷漠的文字不仅暴露了当时维和部队中普遍存在的性别及种族偏见，也揭示出那些本应保护民众的维和士兵对受害者的轻蔑和冷漠。

站在曾经的维和部队营地内，周围弥漫着旧机油和灰尘的气息，我突然明白了展览标题"国际社会的失败"的深层含义。这不仅是对一场历史悲剧的回顾，更是对国际社会在干预和结束暴行方面的反省。这场历史悲剧，或许本可以——而且应当——被避免。

我在厂房门口找到正在跺脚抽烟的阿德南，这才意识到自己的脚趾已经完全冻麻木了。我向阿德南要了一支烟，他从烟盒里取出一支递给我。烟盒上以克罗地亚语、塞尔维亚语和波斯尼亚语三种文字印着"吸烟有害健康"。但除了克罗地亚语使用拉丁字母外，它们在拼写上没有任何不同。

厂房对面，是一片巨大的墓园，埋葬着从乱葬岗中挖掘出来的死难者。一排排尖细的白色墓碑，宛如刚刚抽芽的嫩树，一直延伸至远方山坡的森林边缘。可以想象，这块土地过去曾被森林覆盖，为了给逝者寻得安息之所，才被清理出来。

我在墓碑间徜徉，看到一位上了年纪的波什尼亚克妇女蹲在她丈夫的墓碑前。她戴着头巾，面容平和，神态中并未显出哀伤。她在用抹布细心地擦拭碑面，动作娴熟，仿佛只是在做着日常家务。

附近矗立着一块刻有8372名遇难者姓名和生辰的巨石。随着更多的骨骼碎片、破旧衣物和DNA样本的鉴定，那些墓碑的数量还在增加。

阿德南告诉我，在塞族共和国的领土上建造这样一处纪念大屠杀受害者的场所是一件充满挑战的事。因为塞族领导人和不少塞族民众对于大屠杀的性质有着截然不同的看法，甚至有人否认大屠杀的发生。塞族人同样视自己为暴行的受害者。这种立场从战争时期延续至今，从未改变。

我不忍心去问阿德南，他是否认为波什尼亚克族也对塞族犯下过战争罪行——归根结底，两者恐怕只是数量与规模的差异。和眼前漫山遍野的墓碑一样，数字无法完全呈现个体经历的苦难，也无法完全呈现每一个家庭丧失亲人后遭受的创伤。

六

我们回到车里，打开暖气，让冻僵的身子暖和起来。过了一会儿，我问阿德南，他是否认识经历大屠杀后仍然留在这里的波什尼亚克家庭。我对他说，如果可能的话，我想去拜访一个这样的家庭。

阿德南想了想，从口袋里掏出手机。他说，公司以前有一个来自斯雷布雷尼察的女员工。大屠杀发生时，她年纪尚小。战后，她和母亲一起搬到了萨拉热窝。她可能会知道一些仍旧住在这里的波什尼亚克家庭。

阿德南拨通了电话，手机蓝牙自动连接了车载音箱。我虽然听不懂波斯尼亚语，但从他们的语气变化中，还是能捕捉到一些信息的流动：问候、想法、打趣、夸赞，甚至还有些小小的暧昧。

通话结束后，阿德南带着几分得意说："搞定了，她会联系那家人。一会儿，我们可以去他们家吃午饭。"

"太好了，没想到她这么热心。"我说。

"她以前是公司里最好的员工。"阿德南说。

"你们的关系不错？"

"我们是好朋友……"阿德南顿了一下，然后微微抬头，眼神投向窗外，"唉……其实我们差点结婚！"

离午饭尚有一段时间，我们驾车去斯雷布雷尼察镇转了一圈。从地理位置上看，斯雷布雷尼察位于南斯拉夫的心脏地带，从这里开车前往贝尔格莱德大约只需要两个半小时。

在奥斯曼帝国时期，小镇就以温泉疗养闻名，到了南斯拉夫时代，疗养业依旧兴盛。1990年时，小镇约有六千人口，其中波什尼亚克族约占64%，塞族约占28%。镇上有林荫大道、带露台的咖啡馆、电影院、医院，还有著名的古贝尔酒店，以提供治疗风湿和关节炎的矿物温泉著称。

如今，当年的一切已成过往。温泉酒店不复存在，街上冷冷清清，只有几家店铺还在维持营业。天空阴沉，云层厚重，更是给人一种时光停滞之感。小镇依山而建，四周山峦环抱,森林密布。我看到一座东正教堂和一座奥斯曼风格的清真寺,全都大门紧闭。一些店铺的招牌已经褪色,窗玻璃上也布满裂纹。不少居民已经迁离这里,留下的房屋中杂草丛生。

我们开着车,在小镇的街上漫无目的地游荡。我突然意识到这里连一家酒吧都没有。

"怎么会有酒吧呢?"阿德南沉声说道,"当年参与屠杀的士兵很多是当地的塞族警察,他们换上军服就成了刽子手。战争结束后,这些基层人员并未受到追究,有的甚至还住在这里。"阿德南看了我一眼,继续说道,"你在酒吧里碰到这些人怎么办?你能和杀害自己亲人的凶手同坐一桌喝酒?"

我们离开小镇,穿过一段萧瑟的冬日风景,随后拐入一条尘土飞扬的小路。轮胎下,碎石如麦子脱粒一般咯吱作响。我们经过一片树丛,惊起几只灰色的山雀,最后来到了一座围有木栅栏的院落。

院中立着一栋两层的农舍,白色的外墙,橘色的屋顶。房子后面是一片未经修剪的树丛,光秃秃的细枝像铁丝一样。房侧边的门廊上放着一些柴火和取暖用的旧炉子。门口摆着一双印有卡通人物的粉色儿童靴子。

听到汽车开进院子的声音,女主人出来欢迎我们。她叫梅丽萨,穿着黑色运动衫和浅色牛仔裤,暗红色的头发短而整齐。她四岁的女儿也跟随出来,拇指含在嘴里,用天真的大眼睛望着我们。那双粉色的小靴子,大概就属于这个小天使。

屋内井井有条,地面铺着波斯尼亚风格的地毯,白墙上挂着几幅手工剪纸画。梅丽萨的母亲正在厨房和面。她戴着眼镜,穿着传统长裙和棉背心,头发扎成发髻。厨房没有开灯,光线透过窗户打进来,照在橱台上,仿佛她在努力将这些光线也揉入面团之中。

我们坐在客厅的沙发上。梅丽萨为我们端来了果汁和热茶,随后关掉了播放动画片的电视。房间的氛围突然变得严肃,但日常生活中的点点滴滴——梅丽萨母亲在厨房里做饭的声响、因为关掉电视而赌气的小女孩、冒着袅袅热气的茶杯——依旧鲜活。

我们一边喝茶一边聊起来。通过阿德南的翻译,梅丽萨告诉我,她的父亲在大屠杀中丧生。与家人分开之后,她和母亲被安置在专为波什尼亚克族设置的难民营里。在波黑地区,这样的难民营总共有二十三个,至今仍有不少遗孀和她们的孩子在那里生活。

2000年,梅丽萨随母亲返回家乡。家里的房子已成瓦砾,她们只得在院子里搭帐篷生活。在随后的几年里,她们向非政府组织申请援助,终于一砖一瓦地重新盖起房子。

我问梅丽萨，她们为什么会选择回来，而不是在其他地方重新开始生活。

她以一种平静的口吻回答："因为在外面，无论我们走到哪里，身上都带着'难民'的标签，永远是被别人怜悯的对象。只有在这里不同——这里是我们的家园，这里还埋葬着我们的亲人。"

大屠杀发生那年，梅丽萨四岁，对父亲只有依稀的记忆。战争结束后，当她被要求从几张遗骸照片中辨认父亲时，她发现自己难以做出选择。梅丽萨的母亲生于1961年，与丈夫同岁。对她而言，丈夫的离世是更大的伤痛。

我注意到电视柜上有一个银色相框，里面是由两张肖像照拼贴而成的夫妻合影：一边是梅丽萨的父亲，身着迷彩服，年轻的模样定格在了时光之中；另一边是梅丽萨的母亲，照片是近年拍摄的，岁月已在她的脸上静静地留下沧桑。

两张照片像结婚证书上的夫妻照并置在一起，他的青春与她的沧桑，形成鲜明的对比，仿佛有某种力量跨越时空，将两个原本属于不同时代的人放到了一起。

我心中思忖，三十年后看着丈夫的照片，这样的时空错位，对梅丽萨的母亲而言，会有一种异样感吗？而对梅丽萨来说，她是否会对这个看上去与她同龄的父亲感到陌生？

这时，梅丽萨的母亲从厨房里走出来，为我们端来了午餐：刚烤好的面包、奶油南瓜汤、烤鸡和土豆。她们已经吃过午饭，这些全是为我们准备的。

阿德南掰下一块面包，蘸着南瓜汤吃起来。我也拿起调羹，小心翼翼地舀起一勺汤。梅丽萨的母亲走到客厅一侧的沙发旁坐下，把歪倒在沙发上的外孙女拉到身边，替她整理衣服，然后温柔地抚摸她栗色的长发。

我来这里原本是为了解大屠杀的细节，但此刻，我却发现自己难以开口。身处她们坚韧重建并悉心守护的生活里，提及那场悲剧的细节显得如此残酷，仿佛重新揭开正在结痂的伤口。尤其是在有孩子在场的时候，我更不知该如何提问。我想起在科托尔（Kotor）时遇到的美国女人说过的话："你不会希望下一代了解那些残酷的事情，特别是那些曾经伤害过你的事情。"

我和阿德南喝完汤，梅丽萨就撤走了汤盘。我又拿起刀和叉，准备对付盘中的烤鸡和土豆。鸡肉烤得外皮焦香，土豆上面还撒了白芝麻。我边吃边让阿德南询问一下她们近年的生活。

我的问题经过翻译后似乎有些走样。梅丽萨说："我们有一小块土地，可以种植蔬菜。我们还在附近的山上种植莓果。"

梅丽萨的母亲补充说，德里纳河谷的这一侧山势平缓，适合水果生长。在南斯拉夫时代，每到秋天水果成熟的时节，这里的人——无论是波什尼亚克族还是塞族——都会跨过德里纳河，去塞尔维亚那边贩卖水果。说这些话时，她的脸上浮现出一丝恬淡，就像成年人在缅怀逝去的童年岁月。

"现在还会过去卖水果吗？"我问。

"不会了。"

"那水果怎么处理呢？"

"有一部分我们会在斯雷布雷尼察周边卖掉，"梅丽萨的母亲说，"剩下的就用来做果酱和蜜饯。"

我问梅丽萨，这里目前的族群关系怎样？

梅丽萨说，这个村子里只有一户塞族家庭，大家能够平安无事地相处。在她们刚回来的那些年，在斯雷布雷尼察仍然能够感受到族群关系的紧张。不同族群的人在路上遇到，都会把目光悄悄移开。

后来，梅丽萨上了一所穆斯林高中，在那里遇到了她未来的丈夫。他也是波什尼亚克族，父亲和哥哥在大屠杀中丧生。相同的遭遇，让梅丽萨和他更容易理解彼此的情感。

梅丽萨的丈夫目前在镇上的一家商店工作，而梅丽萨除了日常的农活和家务也有自己的梦想。她喜欢做糕点，希望有朝一日能在镇上开一家属于自己的蛋糕店。这些年来，她已经攒够了租赁店面和购买设备的资金。当她满怀希望地去申请营业执照时，负责审批的当地官员却暗示她需要贿赂才能顺利办理。

"你有一小片土地，有可以遮风挡雨的房子，你耕种、收获，可以自给自足地活下来。但当你试图迈出一步，想再多做点什么，让生活变得更好的时候，你就会开始遇到各种麻烦。"

梅丽萨的话让阿德南深有感触——他抛下我，开始与梅丽萨分享自己的经历。

午餐后，梅丽萨端上了波斯尼亚咖啡和无花果蜜饯。她的母亲提到，她还有一个八岁大的外孙女，快要放学回家了。

我问："你需要去学校接她吗？"

她笑着摇头："不用，她可以自己走回家。"

"学校离这里远吗？"

"就在大屠杀纪念馆到这里的路上。"

我的脑海中浮现出我们来时走过的那条路，想象着一个小女孩背着书包，独自走在路上的样子。那条路上曾经挤满了渴望获救的难民，很多人最终甚至没有机会和亲人说声再见。

"许多波什尼亚克妇女失去了她们的家人，开始了漫长的生存斗争，只能依赖政府和国际援助。"联合国难民署的一份报告写道，"三十年后，斯雷布雷尼察最大的悲剧不再是那些结束了痛苦的死者，而是那些失去亲人、注定要独自生活的家庭。那些注定要在没有父亲、没有丈夫、没有兄弟、没有儿子、没有表兄弟、没有邻居的情况下生活的人们。"

我们又坐了一会儿，觉得不能再耽误她们的时间，便起身告辞。在门厅穿外套时，梅丽萨的母亲走到我们身边，用袋子装了几瓶自制的覆盆子果酱，让我们带走。就连小女孩也给我们准备了礼物——两张她亲手画的彩色蜡笔画。

我和每个人握手道别。她们送我们到院子，看着我们上车。我打开车窗，朝她们挥手。她们也缓缓向我挥手，脸上露出微笑——那一刻是如此温馨而美好。当汽车驶出院子，开上那条尘土飞扬的小路时，我才意识到自己的眼角已经湿润。

七

回程的路上，我想到了英国作家约翰·伯格（John Berger）创造的"landswept"一词，用来形容一个地区经历了剧烈的冲突和变故之后的状态。

这个词由"land"（土地、大地）和"swept"（横扫、扫荡）两个词合成。它不是标准的英文单词，而是一个为了特定描述而创造出来的新词。通过这个词，伯格想要传达的意思是，土地经历了一场大风暴或是严酷的冲突，其上的建筑、树木、生活痕迹等都被彻底摧毁，一切都被"横扫"。只剩下赤裸的大地，默默地承载着伤痕，成为沉默的见证者。

这时，阿德南接到妻子的电话，说家里的蜂蜜没了，让他顺路带几瓶回家。

"你不介意我们去一个卖蜂蜜的地方吧？"阿德南问。

"不介意。"我说。

"女人总是这样——她们总觉得你在工作的时候，还可以'顺便'做点什么。"

我打趣道："女人也是'顺便'才和男人结婚的，她们自己能够活得很好。"

"你真这么认为？"阿德南扭头看了看我，"我可是家里那个付账单的人。"

一小时后，我们经过路边的一栋大房子，屋顶的铁皮烟囱吐着羽毛般的青烟。院门敞开着，房后是一小片树丛掩映的空地，整齐地排列着蜂箱。几只倔强的蜜蜂在寒风中飞舞，不知是在外面巡视，还是被关在了箱外。院子的角落里堆满木柴，几只鸡在院子里走来走去。另一侧是一个羊圈，里边挤着十几只绵羊。听到汽车的引擎声，一只黄狗从窝里跑出来，狗链扯得紧紧的。

房门打开了，一个身材高大的波什尼亚克老头抬起手，跟我们打招呼。门廊的衣钩上挂着几件防水外套，下面是两双沾满泥巴的靴子。

老头叫苏莱曼，看上去身体硬朗。他伸出一只结满老茧的大手，和我们握了握。屋内的铁皮炉子烧得正旺，水汽在窗玻璃上凝结。阿德南与苏莱曼早已相识，每次路过这里，他都会进来买上几瓶蜂蜜。阿德南告诉我，如果说波黑有谁没有受到战争的影响，那无疑就是苏莱曼了。

苏莱曼的脸上挂着满足的微笑，在阿德南的怂恿下，开始向我娓娓道来他的故事。我能够感觉到，这些令人得意的往事，他一有机会就会拿出来分享。

1992年，早在内战打响之前，苏莱曼便已察觉到不祥的预兆，于是举家离开，搬到了全是波什尼亚克族聚居的城镇。一家人因此躲过了大屠杀，在整个内战期间未受丝毫伤害。到了1996年，随着《代顿和平协议》的签订，苏莱曼又移居萨拉热窝，那里的战后重建为他带来很多赚钱的机会。他在萨拉热窝做了四年木匠，每天能挣到一百马克。阿德南补充说明，即使放到现在，一百马克也是一笔可观的收入。

苏莱曼哈哈大笑，显得很高兴。他颇为骄傲地告诉我，他今年七十八岁，有五个儿子和二十个孙子。其中一个儿子在德国当建筑工，每月都会给他寄钱。

尽管衣食无忧，他依然每天忙于农活——查看蜂箱，照料家禽和牲畜。他告诉我，他凡事都自己动手，连房间里的家具都是自己打的。他让老伴给我们倒上鲜榨苹果汁，自己则从果篮里拿起一只苹果，仿佛为了展示他的好牙口，咔嚓咬了一大口。

阿德南买了几瓶蜂蜜，放进后备厢，我们这才继续上路。

天色将晚，乌云密布，山野渐渐沉入暮色。车内的暖风好像轻晃的摇篮，让人昏昏欲睡。我勉强支撑了一会儿，终于放弃抵抗，任由自己陷入昏沉的睡眠。等我再睁开眼时，窗外已经彻底黑透。我们行驶在山路上，但没有路灯，只有汽车大灯虚弱地照亮前方几米的地方。

我想到这一天如此漫长，经历了这么多事情，阿德南恐怕也已经疲惫不堪。他昨夜就没睡好，今天又一早出发。我还能在车上打盹休息，他却始终坐在方向盘后面。想到这里，我同情地看了看阿德南。仪表盘的光亮照着他的侧脸，长长的睫毛，深陷的眼窝。

看到我醒了，阿德南掏出一支烟，点上，将车窗打开一道缝，我也将自己那侧的车窗打开，好让空气对流。荒野的冰冷气息，瞬间涌了进来，让我一下子变得清醒。

我问阿德南，是什么支撑着他这么拼命地工作。他说，是他的儿子。每次看到儿子,他都觉得自己再辛苦也是值得的。

"我还想再要两个孩子,"他说,"穆斯林喜欢大家庭。"

"不担心未来吗?"

"当然会担心。但归根结底,我也只能过好自己的生活,不是吗?"

阿德南停顿片刻,又接着说道:"你看,那些月入五百欧的人关心民族主义,月入一千欧的人想着买新车,月入两千欧的人悠闲地谈论天气。问题的根源在于经济,只要经济稳定,一切都不成问题。回想铁托时代,波黑并没有那么严重的民族矛盾。"

他把烟头扔出窗外,关上车窗,继续说道:"问题就在于,现在在波黑的经济举步维艰。《代顿和平协议》终结了战争,但也制造出一个腐败、庞大、低效的体制。你能想象吗?我们整个波黑只有三百多万人口,却有一百多个部长。普通人就像梅丽萨说的,勉强维持生计,一旦试图追求更好的生活,就会遭遇重重阻碍。那些民族主义政客,无论塞族、克罗地亚族还是波什尼亚克族,都将责任推卸给其他民族,这样既能转移矛盾,又能稳定自己的基本盘。"

"整个世界都在发生同样的事情,"我说,"美国、欧洲……"

"是的,"阿德南点点头,"这些并不是波黑独有的。"

这时，笼罩大地的乌云终于疲惫了，支撑不住了，碎成纷纷扬扬的雪花。灰色的雪花落在挡风玻璃上，又被雨刷拨散，在车灯之下，就像成千上万的飞虫，灰茫茫一片。

前方的道路上突然出现一只动物，阿德南一脚踩下刹车。我们惊恐地睁大眼睛，发现那竟是一匹狼。它看着我们，车灯照着它杏仁状的眼睛。有那么一瞬间，狼呆立不动，似乎被吓坏了。接着，它突然缓过神来，疾步向着荒原跑去。

我们终于开上特雷贝维奇山（Trebević），萨拉热窝就像童话一般出现在山谷里。星星点点的灯火，映着纷飞的雪花，整座城市已是一片白色。

这么多的悲欢离合发生在这座城市里，但无论如何，它依旧是很多人的家，这世界上唯一的家。即便是我，在经历了漫长的一天后，也觉得能回到这里太好了。

阿德南说，1984年2月，冬奥会开幕前夕，萨拉热窝遭遇了罕见的降雪不足的情况。当时的人工降雪技术尚未成熟，很多市民担心冬奥会可能因此受到影响。但就在开幕式的前一夜，一场大雪悄然而至。次日清晨，当人们从睡梦中醒来，惊喜地发现整座城市已经银装素裹。

"冬奥会是我们最后的美好记忆。"阿德南静静地说，"你去问任何一个上了年纪的萨拉热窝人，他们都会这么回答。那时我们过得很好，没有战争，南斯拉夫还是一个统一的国家,全世界的人都来到我们这里……"他的声音渐渐小了,最后终于沉默不语。

窗外大雪纷飞。

我很想安慰一下阿德南,但又不知如何开口。

土地经历了一场大风或是严酷的冲突,其的建筑、树木、生活迹等都被彻底摧毁,切都被"横扫"。只下赤裸的大地,默默承载着伤痕,成为沉的见证者。

/ 刘子

天井里的旋涡：
纪录片 *Out of Place* 的内外故事

撰文　陈柏麒
摄影　陈坚杭

旅行 △ 天井里的旋涡：纪录片 *Out of Place* 的内外故事

　　自20世纪中期跟随各自的家庭离开越南之后，祖籍潮汕的表兄妹二人在世界的不同角落延续着各自的迁徙。2020年初，我们在一项建筑研究中意外闯入了他们的生活，并逐渐有意识地参与了其中。从位于中国南方沿海的一座近乎废弃的大型家屋开始，我们试图追溯和记录他们的生命史，并最终前往越南寻找两位老人各自的童年故地。一个"区域"曲折离奇的近代史也逐渐通过他们的记忆和想象浮现出来。

　　出生于1940年的林永坚至今仍居住在占地面积超过1500平方米的两层"洋楼"里，早已迁居深圳和旧金山的三个孩子已经超过三年没有回过家。这座建于1923年、位于汕头市澄海区隆都镇鹊巷村的富丽宅院，既是林家百年前于越南发家致富后衣锦还乡的见证，亦是老人口中的"银镣铐"、他一世孤苦的罪魁祸首。谈及越南芹苴江畔的童年，老人脸上不禁泛起红晕。这份记忆在经历了诸多由运动带来的苦难之后格外鲜活。在数十次探访中，那些曾被老人刻意掩盖的过往逐渐被吐露并开始彼此勾连，我们不禁与老人共同好奇和畅想着，那座容纳了林家上一个百年的位于越南的老房子，又在遭遗弃后经历了怎样的与人的命运并行的一个世纪。

这座今天已然摇摇欲坠的宅院，承袭了潮州建筑传统的"四点金"结构。围绕一方天井，不同功能的场所和容纳不同辈分的房间如拆开的六面体一般四散展开。有了钢筋和红毛灰[1]的加持，房子与同时代的其他洋楼建筑一样，允许被纵向复制。大门之内，连接立柱和屋顶之间的是琼林玉树般的鎏金木雕，虽然上面的黄金已经在前些年遭贼人盗铲，却仍闪耀着木头本身深邃的油光。大门之外，八根罗马柱撑起了一座恢宏的山墙。气派十足的门楼上，祖先写下的匾额"山光水色"在经历"文革"之后已经面目全非。山墙之上，不知道何时掉落的一颗种子，已在不知不觉间长成了一棵小树，随时谋划着把门楼撕裂。

不需要是多资深的风水研究者，几乎每个有生活经验的潮汕人都能够轻易发现这座建筑在方位选择上的奇异之处。它首先违背了负阴抱阳的基本准则，正北的朝向让冬季的寒风无时无刻不在房屋间盘旋流窜，即便在夏日，室

---

[1] 潮汕地区普遍称水泥这种最初由西洋人带来的建筑材料为"红毛灰"。

内也有几分潮湿阴冷。此外，很少有房子，特别是耗费几乎一代人修建的传世大宅会选择直面村庙。在往往神鬼不分的潮汕民间传统中，这样的构造无疑吸纳了过多的"煞气"。谈及房屋朝向的问题，老人责备祖先只顾着光宗耀祖，其选址、朝向、结构、装饰，均以"显眼"为先。的确，我们最早便是在匆匆过路时意外瞥见这座位于村口的庞然大物。房子落成之后的三代人，都不得不将衣服晾晒在房子东边，以拾取日头西落时微弱的阳光。

1949年9月，在历经多年战火，家人吸食鸦片导致家道中落之后，林永坚随着父母、两个姐姐和舅舅一行六人从当时潮州人大量聚集的芹苴出发。他们搭乘汽车穿越了湄南河毛细血管般的河网，在西贡码头登上了开往故乡的火船。在无边无垠的大海上航行了四天四夜之后，他们在香港靠岸。已经身无分文的林氏一家，眼睁睁看着一些同行者落船留港。轮船再次起航后始终沿着近岸航行，一路的山丘延绵不绝。在汕头港，吐了一路又滴水未进的永坚转坐小船，沿着榕江向北转向韩江，又从韩江的西溪漂向东溪，几经辗转终于回到今天已经废弃的鹊巷渡口。他们只听说先祖在故乡还有一座大宅，良田一望无际，这足以让他们延续在安南[1]的富足生活。彼时一句潮州话都不会讲

---

1 永坚仍习惯称越南为安南。

的永坚,包括他年轻的父母,还没能意识到上岸的一刻意味着什么。

土地改革期间,他们理所应当地被评上了地主。后来,他们一家五口被驱赶到前厅隔壁原本用来安置晚辈子孙的前房。越来越多的村民搬进了宅子,最多的时候,这个房子住了几乎半个乡里的人。墙上的彩色壁画被逐一刷上了石灰水,族谱、相片和家书被焚烧销毁,隔壁房间的住户会故意踢翻他们在过道里晾晒的贡菜瓶。六十年过去,永坚的太太仍在镜头前流起了眼泪。她忍不住问我们,"我甚至不敢生气,是不是特别没用?"永坚在苦难里成长,每天靠勒紧裤腰带扛饿的他成了全村几年才出一个的高中生。他能歌善舞,与班上一个女生情投意合。可他又深知自己身份不祥,生怕连累她,只能一再回避,等到对方彻底作罢。高考落榜之后,他自知再也无力逆天改命,选择回家务农。但他勤奋又爱动脑筋,种出来的甘蔗能比别人粗一圈,大家都愿意花钱买他的蔬菜种子。几年后,他突然受邀回到母校,成为一名实验室管理员,在多次因为身份问题而错失转正机会之后,他在这个主要负责洗烧杯的岗位上干到退休。

有天我们车他到镇上补交已经拖欠数月的有线电视费,他突发奇想要带我们回学校看看。正是"五一"长假期间,他弯腰在门房报上姓名,在小雨中等待多时之后,一个自称认识他的中年人打开了校门。我们参观了几间教室，他最熟悉的实验室则大门紧锁。走到操场时，中年人过来说了句"差不多"，永坚低声说好，便埋头朝大门走去。那天，老人还带我们逛了逛菜市场，去农村信用社问了存款利率，又一口气买了两条红双喜。得了高血压之后的十多年里，他将二八大杠丢在角落里，放弃了任何超过200米的远行。在我们的要求下，他又弓着背带我们穿过了整个村庄，向我们介绍曾经的粮仓、宗祠和学堂。小雨淅沥，他打着伞从粮仓门前匆匆走过。

单到三十多岁，永坚才跟同样出身不好的太太组建家庭，到小儿子出生时，他已经四十岁出头。相对于永坚沉默内敛的性格，老太太显得格外牙尖嘴利，也在生活的苦难中磨炼出了足够深的城府。你能感觉她总是说一半留一半，试着从对方的嘴里套取更关键的信息。她也特别习惯与人辩驳，一旦她的道理占据上风，就基本不留被说服的余地。永坚把这段婚姻也视为人生悲剧的其中一个锁扣。成长在这段历史中，三个孩子不出意外地选择了逃离。没有第三个人的日常里，他更多选择与电视相觑。许多时候，我们就坐在二楼的主厅里俯视着两个老人如同两个互斥的电子各自旋转。这个原本用来连接室内和室外、人居与自然的天井，仿佛豢养着一个不断吞噬时间的旋涡。

20世纪90年代，两个女儿先后前往美国加州务工，随后顺利落定安家，不知多少年能回来一趟。而最小的儿子，则继承了母亲医学世家的基因，研究生毕业之后在深圳成为一名社区全科医生。2020年，就在我们频繁闪现于林家老宅的那段时间，我们从永坚村中好友的口中得知，小儿子罹患鼻咽癌，好在诊断及时，但手术之后面容多少有损。为了不让二老担心，他只能用医院工作繁忙来推托，但这一推，便是整整三年。好友还在不经意间透露了另一个信息，已经四十好几的小儿子至今仍孤身一人，也一再谢绝他推介的同龄女性。不仅自家这三个孩子，永坚这一辈的林家后代，大多都在改革开放后远走他乡，当中最为聪明有为的外甥，作为记者在一次公务旅行中留在了澳大利亚。

2021年夏天，我们例行前往村子探望永坚。那天他从消毒碗柜下的抽屉拿出一个已经旧得发脆的作业本，指着一个香港电话让我们拨通。我们在断断续续的信号中加上了微信，一个新角色意外地闯入了这个故事。20世纪40年代无止无休的战争让许多越南华人踏上了注定流散的余生。永坚的表妹佩华，年幼时和外婆（也就是永坚的奶奶）被战乱困在柬埔寨的小姨家，他们于1967年举家回到潮汕普宁，又旋即被卷入"十年内乱"。1972年在三姐的帮助下只身赴港之后，她拼尽全力先后帮助十一位家人撤离普宁华侨农场，随后与一位印尼归侨结婚并生下两个如今事业有成的女儿。在那座似乎只象征着过去的房子里，佩华通过网络电话，苦心劝说表兄尽快写下遗嘱，用这样将一切托付给儿孙的方式将时钟拨向未来。这两个此前仅有两面之缘的血亲老人，像一对交往了一生的挚友一般相互关心问候。他们在谈话中分别提及了"命运"，却显然在各自的经历中对命运产生了截然不同的理解。

　　林家是一个传统的基督教家庭，这种信仰至少可以追溯到永坚和佩华那位祖籍广东虎门的阿嬷。潮汕人习惯将信仰天主和基督教的行为称为"食教"，很长时间里，"山光水色"门外占地约一亩的空地被大家称为"食教埕"，周围村子的信众每周都会在这里聚集祷告。但永坚从不相信这些，他非但没有受到家庭信仰的影响，也从不插手家中和村中的"拜老爷"事务。从各种运动之中走来，他更倾向于从科学的角度去理解世界。而佩华在年轻的时候则是十足虔诚的基督教徒，熬过半生之后她笃信佛学。她心疼永坚的苦和积怨，永坚艳羡她的善和开怀，她劝永坚要开心，永坚只会挂起笑容大喊着"没问题"，然后在电话挂断之后陷入长久的沉默。对科学充满崇敬甚至有几分迷信的永坚，仍然无法回避"命"的"确有其事"。实在没话说的时候，他会嘟囔着：如果当时在船上有钱，如果面对一切再勇敢一点，如果……

　　我们很快成为永坚和佩华之间的连接点。佩华会拜托我们请永坚带我们前往她父亲的村子，永坚也会不负期待地为佩华找到祖屋和素昧平生的亲人。我们不时会给佩华带去永坚的消息，多是一些节日问候，难免也有身体抱恙之类的透露。疫情结束之后，我们在香港港岛的太古城见到了佩华。她在一天内连请我们吃了两顿酒家，也在闲叙中逐渐将自己离开越南之后的人生轨迹拼接抚平。在翻阅一些家书时，我们意外发现来自一个著名许姓单姓村的佩华却是姓林。她不紧不慢地解释道，她的确原姓许，当年从高棉[1]逃往中国时，为了获得庇护，一度佯装成姨父的女儿而改姓周。20世纪70年代去到香港之后，已经移居美国的三哥为了助她赴美，又让她随兄长改姓林。此前，出于同样的原因，三哥在和母亲逃亡美国之前，将自己改成了母姓。就这样，母亲的姓氏在佩华身上留存了下来。这三个姓氏，对应着佩华完全不同的三段人生。我们邀请佩华在镜头前重述一遍，她淡然推辞。

  永坚难得这么听劝。我们准备了200米长的卷尺，由他拎着刻度为零的一端在屋内屋外四处走动。整整一天时间，我们得到了整座建筑基本准确的尺寸，住了一辈子，他第一次知道自己的家有多大。拿着草绘的平面图，我们向他汇报每个空间的面积，他先是静静听着，又突然皱起眉眼

---

[1] 当时的难民将柬埔寨称作高棉。

打断话头说道:"一顿就吃二两饭,一夜就睡三尺铺。"改革开放之后,村民陆续搬离了这个房子,在每一堵墙上都留下千奇百怪的痕迹,也留下偌大一片稍微大声说话便能听到回音的空白。永坚仍然住在运动期间一家五口拥塞的那间房里,将所有日常用品放置于大门内约占整个房子百分之一的方形空间中。在唯一的老友离世之后,他便几乎没有再主动踏出过那八根罗马柱,退休至今二十余年,除了一台24寸的显像管电视,他与世隔绝。

谈及越南的童年,他首先想起的是气候,说越南的夏天格外凉爽,我们听着将信将疑。还有就是食物:叫不出名字的水果、法国人的面包、已经进入华人日常生活的"龟啤"(kopi,带有越南口音的"coffee"),还有各种各样的甜品。有一次,一名法国军官敲响了他家的木门,年幼的他探出脑袋,军官笑着从口袋里拿出一颗糖果,那糖果的味道让人永生难忘。这几年里,我们给他带去过法棍,他吃着总觉得哪里不对;也给他拿过东南亚产的速溶咖啡,他会欣然接受然后为我们泡上一杯,一勺咖啡、两勺白糖、50毫升的水。得知我们计划前往越南,他熟练地抄起粉笔,在天井的地面上勾画了起来。"江在这,特别大,旁边是市场……我家大概在这里,这边是学校,对,有一个大操场,还有一个军营……"他反复涂抹着,"不对,是这样……嗯,也不对……"对于当时居住的房子,他实在无从回味，只提及姐姐生前曾回去过一趟，但一无所获。

启程去越南之前，我们驱车前往普宁华侨农场。今天的农场只剩下几栋有些空荡的宿舍楼，售卖"越南包粿"的小店只在早餐时间开放。我们找到了佩华初抵达时与之合影的大牌坊，也在半山腰的废弃茶厂中看到了一些已经几乎和动物粪便融为一体的生产车间和工具。与之一起被湮没的，还有这段连当地人都甚少听闻的人群迁徙史。而越南则被另外一种方式抹除了一大部分过去。要直到尝试去追问，才能真正感知到战场对于一切的摧毁力。我们在历史档案中看到的各种庄园、府邸、海港，在今天已经被密密麻麻的细长条多层公寓取代。曾经，越是靠近大海便越是繁华，而在战乱年代，这些海岸地带成了难民逃离得最早和最彻底的地方。在仅剩的华人社群里，方块字已近乎失效，只有各"帮"方言在印证着隐约存在的过去。拿着佩华幼年时与母亲的合影，我们在近一个月的探访里几乎用双脚穷尽了她曾居住过的那一片区域。楼房多化为灰烬，但街市、寺庙、会馆、学堂仍扎根在原来的地方。我们决定用自己熟悉的方式——拍摄一部电影——来讲述这段往事，也呈现和发散我们的想象。

在胡志明市筹拍电影长片的间隙，我们租了一辆摩托车，一如永坚一家七十多年前所做的那样穿越了繁密迂回的河网。最终，我们在公路的尽头将摩托车送上一艘渡船，在柴油机有节奏的驱动中渡过了永坚记忆当中无限宽广的芹苴江。这座在史料里因满是滩涂和红树林而不宜居住的城市，今天已成为越南第四大城市，它十分繁华，也确实如永坚所说的那般清凉。根据永坚所描述的各个场所的位置，我们判断他应该住在河口腹地的丐冷一带。然而在丐冷，92岁的"稻谷王"后代"七舍"（七少爷）几乎笃定地否认了永坚一家在这一带的存在，他不可能不知道一个在当地拥有百亩良田、靠经营火砻（碾米站）起家的林氏家族，可明明永坚对着镜头描绘的那些地方、人物、事件都让人感到那般熟悉。

正当我们在越南一筹莫展的时候，佩华回来了，许家的后人特地赶到深圳湾口岸去接她。跟十几年前的那次探访一样，她在永坚家坐了一会儿，据说连饭都没有吃便匆匆返程了。我们终究无法全然理解那一代人的想法。在这个曾经内外极度不平衡的流动社会里，出去的人习惯性地担心自己无力承受家里人的期许，正如佩华会提前打听许家的经济状况以判断能否返乡探亲；而家里的人则不愿再被视为需要得到接济的一方，正如永坚经常会让我们不要向佩华透露他的窘境。他们在各自的合理想象里创造了某种离奇关系，又在这样的短暂相聚里再次相互关爱和彼此确认。这两个除了血缘外几乎没有交集的老人，在那一代逐渐进入坟墓之后，成了彼此历经的波折的唯一见证。在佩华离开一个月之后，永坚在自己的房门口滑倒，用他自己的话说，"被鬼推了一把"。这一跤造成股骨粉碎性骨折，又因为长年三高无法开刀手术，他便从去年夏天卧床至今。听到老头摔倒的声响，老太太从自己的房间里冲出来，狠狠把躺在地上呻吟的永坚咒骂了一顿之后才到屋外呼喊求救。

老屋的天井内，有一只特别常见的雄鹰风筝。当我们第一次问起风筝的由来时，老太太说是从天井掉进来的，她觉得好看便保留了下来。这几年，这只老鹰有时候被挂在窗户上，有时候会靠在墙边，最近见到的这次，是被放置在南北厅水缸旁边的柴火堆上。日晒雨淋，老鹰原本棕褐色的身体已经褪得只剩一点粉红色，翅膀上破了几个小洞，不知道是被风刮破还是遭到动物撕咬。离开芹苴的那一天，我们在芹苴江畔的人行天桥上，放飞了一只一模一样的雄鹰风筝。它一度越飞越高，高到必然已经看到了永坚出生和玩乐的地方。一阵剧烈的江风刮来，它便一头扎进了江水当中。永坚家的那只风筝，兴许也是这样，不可解释地掉进了天井，掉进了那个吞噬一切的旋涡里。

因为这次受伤，大女儿抛下一切回国照看，小儿子也时不时回家，各种零食补品把床头堆得满满当当。兔去龙来，属龙的永坚过了个团圆年。这个房子到刚刚过去的

2023年，完完整整地经历了一个世纪。农历年前，地方侨联的领导登门拜访，机灵的阿姨借机向工作人员询问这个房子以后的处理方式。北风一如既往从门洞呼啸穿过，余音绕梁。

I love China

The peples Repeole of China

上：镜头难得捕捉到永坚的笑容，鹰形风筝挂在天井
下：永坚用钢笔写的英文花体字

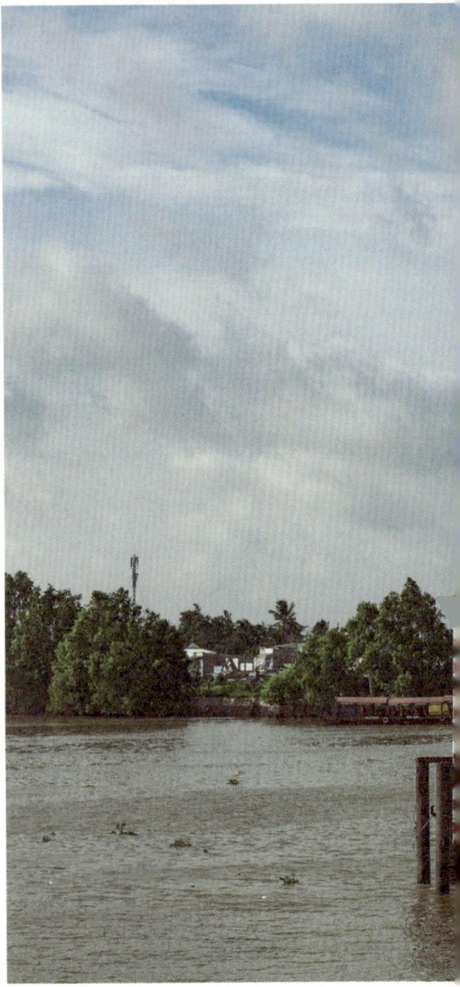

我们在芹苴河畔放飞了和永坚家的一模一样的风筝

在芹苴市立博物馆内，我们看到了20世纪初那座永坚口中大市场的样子。

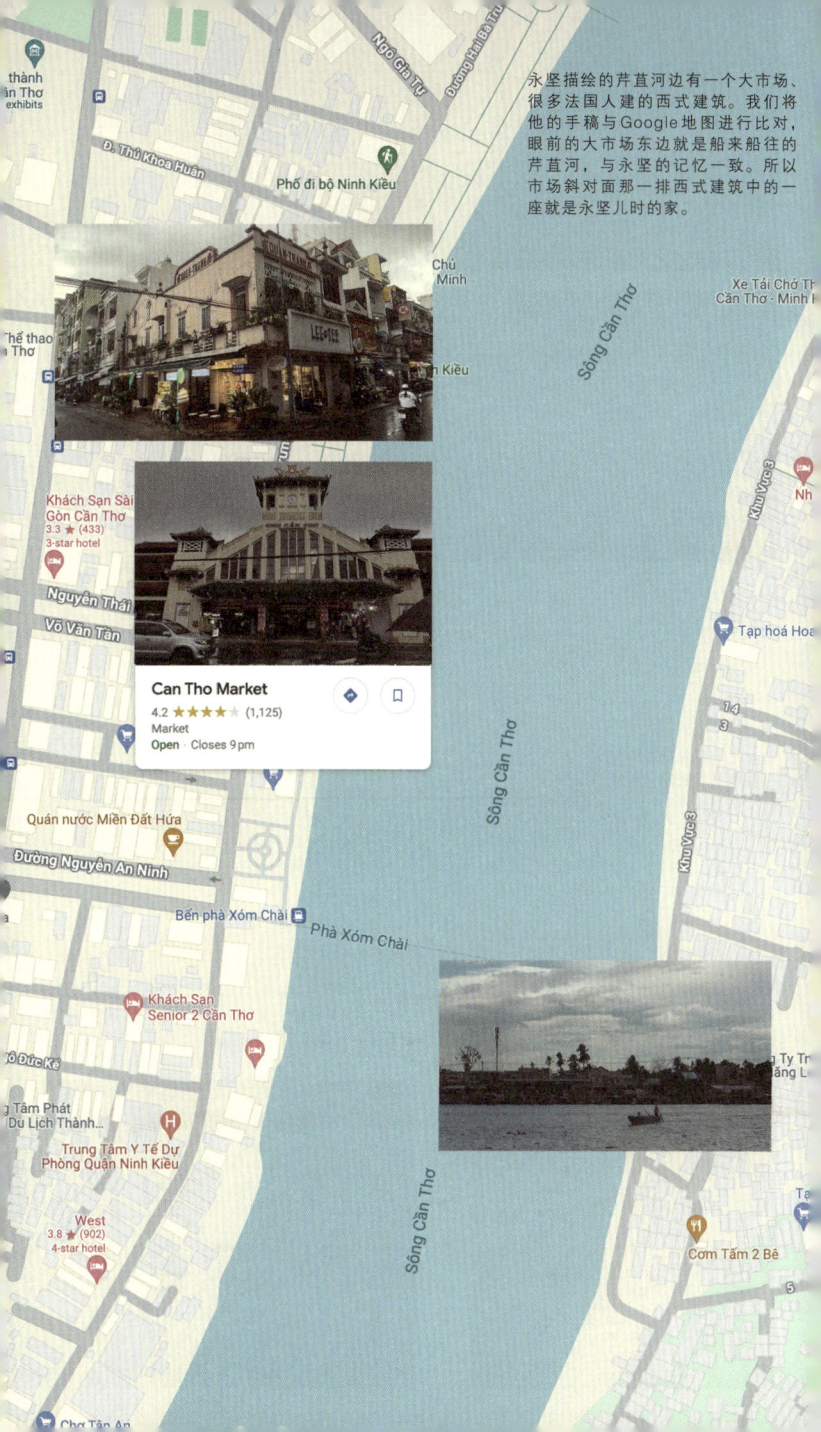

永坚描绘的芹苴河边有一个大市场、很多法国人建的西式建筑。我们将他的手稿与Google地图进行比对，眼前的大市场东边就是船来船往的芹苴河，与永坚的记忆一致。所以市场斜对面那一排西式建筑中的一座就是永坚儿时的家。

2021年5月,
汕头市澄海区隆都镇后沟村,
永坚带我们找到了佩华的祖屋

永坚与佩华视频通话

香港维多利亚港

截取自20世纪90年代
佩华回乡探亲时
与永坚一家的合照

永坚奶奶、
佩华外婆旧照，
摄于普宁华侨农场

佩华于香港住处

Cu Zg Ay Pb
K Nu Ca Mg
Al l

双喜香烟、烧杯中的速溶咖啡、放大镜与老花镜、从越南带回的银汤勺、"几尺铺"、凤凰牌自行车,以及永坚写的金属元素字迹。他多次提起足球烯(碳60)的模型,我们试图从物质结构的角度理解永坚和他的生活。

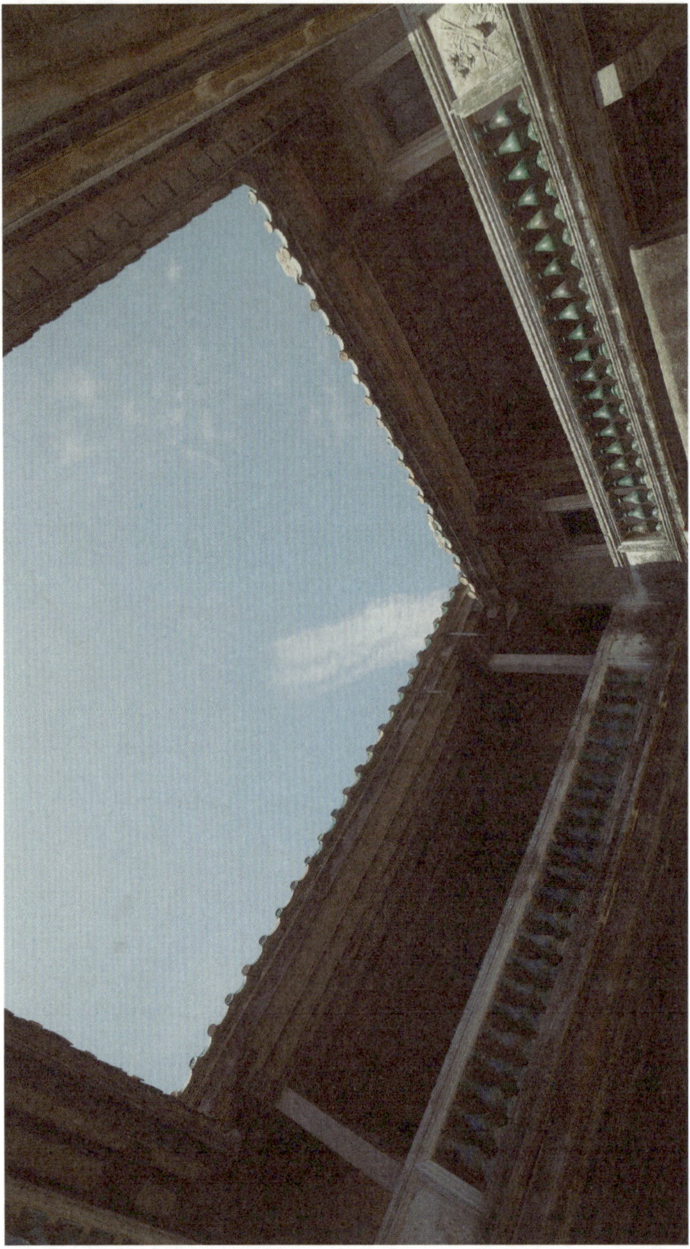

巨石一般的大房子压着永坚一家

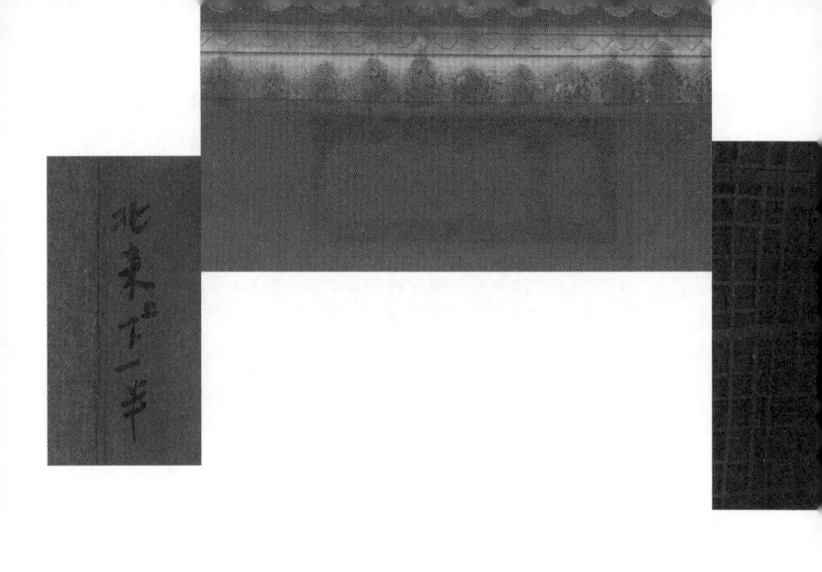

这座百年大厝沉积了数个时代的印记：既有精美的轮船浮雕、名家题字，也有被糊得几乎辨认不出的"光前裕后"，还有生产队留下的租赁分配字样（兆来是永坚的父亲）、以前的农具、村民住进来时在二楼砌的临时墙体。

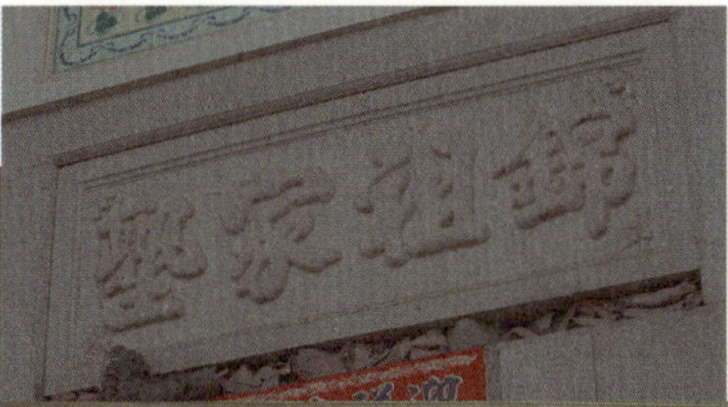

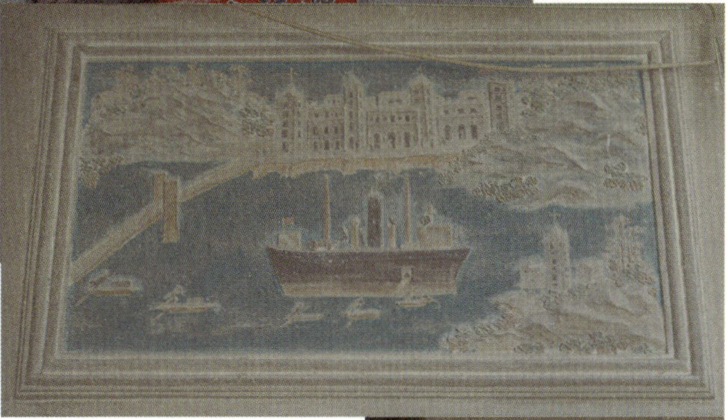

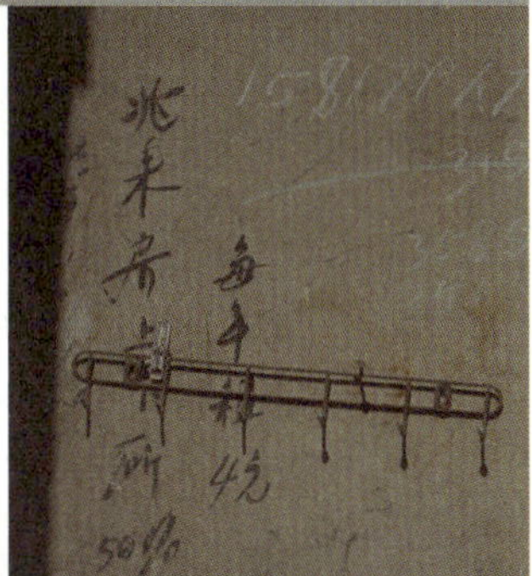

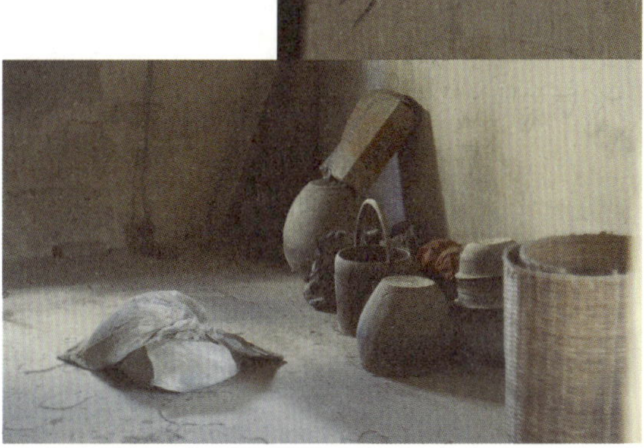

永坚与太太的日常

永坚路过祖祠

永坚太太祭拜灶神

妈祖诞,大龙香摆满了门口的旷埕

Out of Place 纪录片截图

≋ 随笔

231 西班牙来信——
1965年开年之际,我们的文学还在旧年夜

海梅·吉尔·德·别德马

西班牙来信 ——
1965年开年之际,我们的文学还在旧年夜[*]

撰文　海梅·吉尔·德·别德马
　　　（Jaime Gil de Biedma）
译者　汪天艾

---

[*] 原题为 "Carta de España (o todo era Nochevieja en nuestra literatura al comenzar 1965)"。

随笔 ※ 西班牙来信——1965年开年之际，我们的文学还在旧年夜

"二战"结束伊始，在法西斯的恐怖仍然历历在目的年代，曾在内战期间依靠希特勒和墨索里尼出兵获胜的佛朗哥治下的西班牙，成了国际社会中最不受欢迎的存在，索性国门紧闭，全靠自给自足勉强度日，整个国家深陷民不聊生的经济困局。但是很快，冷战格局之下，西班牙特殊的地理位置让美国人开始对它产生地缘兴趣。掌控着直布罗陀海峡的西班牙对欧洲和中东的防御体系不可或缺，稍有不慎就会给地中海上的美军战舰带来极大麻烦，美国对意大利、希腊和土耳其的支援也可能因为西班牙的立场而变得困难重重。由此，这个最不受欢迎的国家摇身一变成了冷战沙盘上的战略要地。当年被联合国大会严词厉色谴责的法西斯独裁政权似乎又不显得那么难以容忍了。佛朗哥斩钉截铁的反共立场让美国觉得自己完全可以跨过"独裁与否"的藩篱将西班牙变成盟友。

1953年，美国与西班牙签订双边军事互助协定，美军陆

续在西班牙建立四个军事基地；1955年，西班牙获准重新加入联合国，国门打开，游人如织；1959年，时任美国总统艾森豪威尔访问西班牙，带来大笔经济援助。同年《国家经济稳定法案》(*Plan Nacional de Estabilización Económica*)的颁布实施进一步促进了西班牙经济局面的稳定兴旺，内战结束后最初二十年里暗潮涌动的革命可能性就这样在安居乐业的愿景下销声匿迹。1964年，西班牙大肆宣传和庆祝"和平的二十五年"。

本文写于1965年年初，同年三月发表在阿根廷《国家报》(*La Nación*)。

——译者按

从1960年年末那几个月到1962年的头几个月，我们西班牙人经受了一段艰难的心理整合—转型期，过后我们才领悟到这一历程的重量：当时的我们，正逐渐明白，除却自然死亡或自愿让位，佛朗哥的政权已经不可能以任何其他方式结束了。而且，既然这位"不败将军"指定了自己完全信任的继任者人选，指望他退休也基本不太现实。

最开始意识到这种心态变化的，其实是右翼人士，也就是统治阶级里的人，也许是因为他们不再必须全身心投

随笔 西班牙来信——1965年开年之际,我们的文学还在旧年夜

入地充当佛朗哥主义者了[1]。压在心头的那种由来已久的恐惧渐渐退去,取而代之的,是对阳光普照的现状信心十足的享受。甚至连对1959年7月开始实施的政治经济"新政"最为不满的工业家,也私下里声称得到了补偿。大概他们如今从政府部门得到的待遇,比进口许可证和国家工业研究院无所不能的时代,更令人感觉受到了补偿?另一方面,城市的发展和旅游的腾飞提供了优质的机遇。尽管西班牙绝大部分的工业陈旧、低效,或者仅仅是产能不足,其所有者还是拥有足够安逸生活的个人财富,就算经过最近的几次改革,依然比财政部门通常错误的估计要多。这群工业家对房地产投资一惊一乍,因为几乎没有逃税的空间,不过他们还是养成了勘测地皮以及建设酒店和公寓楼这样有益身心健康的爱好。要对工厂进行扩建和现代化吗?可不是所有人都万分确定这会是有利可图的提案;何况,那里面不是还有银行、吸血的信贷机构、外国资本以及"程序性知识"指南吗?在西班牙,右翼对

---

[1] 西班牙第二共和国末期左右翼矛盾激化,势不两立,佛朗哥发动内战时,凭着其激烈的反左翼——包括社会主义者、无政府主义者、共产主义者等——立场获得了各右翼政党——包括君主制支持者、天主教教会力量、保守派乃至法西斯分子、种族主义者、民族主义者等——的支持。无论是内战期间还是战后初年经济萧条时期,许多右翼人士虽然并不完全认同佛朗哥的理念和做法,但是出于对左翼执政或对"红色"革命的恐惧,还是需要按捺异见。1959年以来,佛朗哥政权日益稳固,地下左翼力量不再构成有力威胁,右翼人士感觉到没有了"委曲求全"支持佛朗哥的必须。——译者注,下同

佛朗哥政府的依附，并非单纯出于保守直觉，而是建立在一个事实基础之上：这个政权在经济方面是"进步"的。多年来被迫的犬儒，使得他们如今陷入了一种近乎放荡的良知爆棚状态。

而在壁垒的另一边——如今不仅是看不见，甚至开始不存在了的——是所有在政治上左倾的大众，内战结束之时，他们都太过忙于从农村移居到城市，从城市移民到外国的城市，或者经由任何其他个人途径恢复自己对生活水平总体提高的参与，几乎没能注意到，在最近二十五年里，西班牙国民生活的一个重要的决定性因素遭遇了怎样激进的削弱。西班牙的繁荣，一如欧洲的繁荣，给了工人阶级脱离其根源的理由。当然了，西班牙的繁荣远不及欧洲，毕竟二者的起点同样相距甚远。对年轻人而言，内战就是关于一个死在前线或者被枪杀的父亲、叔叔、大哥的模糊记忆，或者也许是某个如今惹人羡慕的流亡海外的亲戚；那些饥荒和受压迫的年月，只是已经逃窜走的童年记忆而已。今天，明天……既然能挤上火车，谁还要加入地下的政治集会？既然能移民去德国，谁还要向着山峰进发？至于那些上了年纪的人，那些发起、参与了战争或者近距离经历了战争的人，他们受过太多苦，士气低落，过于沮丧——他们已经太老了。

如上种种形势把一个由来已久的神话从西班牙人的

随笔 西班牙来信——1965年开年之际，我们的文学还在旧年夜

意识里根除了，那就是救世主再临的神话——总有一天，内战中失败的一方会以政治或者武装力量扳回一城。如今，绝大多数西班牙人都明了，或者说预感到，这个神话不会发生了；恐惧与希望同时消失。内战已不再是沉沉压在国民意识之上的迫近前史，而是突然之间变得遥远了。除了偶尔返祖的暴烈冲动，可能最具决定性的终极迹象，是由殷勤的信息与旅游部长曼努埃尔·弗拉加（Manuel Fraga）掌控的电台和电视等媒体，每当它们生动地回顾起"七·一八精神"[1]和我们"光辉"的十字军光复之征[2]的英雄行径之时，都表现出羞赧的寡言。无论是为纪念内战结束二十五周年而展开的宣传活动，还是目前正在西班牙各大影院上映的传记电影《佛朗哥这个男人》（*Franco, ese hombre*），都倾向于将内战轻描淡写地略过，把这段历史呈现为可悲——西班牙人自相残杀——但必要的一集，毕竟最后的结果很"幸福"：佛朗哥当上了国家元首。正如天主教会在耶稣复活日为原罪而唱的颂歌："有福的罪过！"

"和平的二十五年"——这句标语出现在所有的房屋立

---

[1] 7月18日是佛朗哥率兵发动政变引爆西班牙内战的日子。
[2] 从俄国十月革命胜利到西班牙内战爆发之时，西班牙右翼和教会一直传播着这样一个说法：一切左翼都是犹太人和共产主义者的联合，目的是让西班牙变成一个"没有神的国度"。这就给予了佛朗哥发动的内战宗教战争的属性。

面、围墙、荧幕和报纸上，西班牙人的眼睛都看累了，最终渗透到每个人的意识里。关于所谓的"和平"，可以说的就多了。但是这二十五年的存在是无可辩驳的。像某些无关紧要的人还在说的"佛朗哥只是个运气很好的大老粗"并不说明问题，因为这不过是翻转了一下宣传中所散布的佛朗哥"天佑神助之人"的形象。实际上，真的能将二十五年的好运仅仅想象成是天佑神助吗？二十五年是很长的一段时间。西班牙变了，西班牙人也变了，虽然就算没有佛朗哥，这样的改变也必然会发生，事实却是，一切的改变都是在佛朗哥治下发生的。等他死了，后来人的起点是后佛朗哥时代的西班牙，而非佛朗哥统治开始之前的那个国家。内战的疤痕已经开始模糊，国家是发展了，生活水平提高了，西班牙人的习俗和态度改变了，这些现象并不难观察到，也不难承认。而且，这些都是开启希望大门的积极现象，无论这个希望和我们许多人沉醉其中的另一个希望多么不同。

在沉醉于另一个希望之中的这些人里，最为突出的，就是我国最近十五年里涌现的大部分作家，以至于，是一个年轻诗人或者年轻小说家这个事实本身，就表明你是反佛朗哥斗争中的一分子。在这种几乎泛而统之的、热切的文学战斗意识里，包含着发自冲动的满足感。对大学及知识分子阶层而言，热忱地参与有经世抱负的文学创作简直

随笔 西班牙来信——1965年开年之际，我们的文学还在旧年夜

像城里人支持这支或那支足球队一样，是无处安放的热情与政治行动的"代餐"。但是文学领域这种"以物换物"的交换，其后果却没有足球场上那么愉快，毕竟，文学从本质上就与足球不同，遗憾的是，在文学领域，并不能像引进和"归化"[1]伟大的球员那样引进和"归化"伟大的作家。而且，足球领域里不用遭到审查。

对佛朗哥政权治下的文学而言，今日一如昨日，审查始终存在；作家及其读者如此丰富的政治直觉各有特色又毫不真实，造成的几乎唯一的后果是文学作品和意识形态的作假。想骗过审查机制，需要文学和意识形态的双重教育储备，无论是和自己还是和作品都需要具备拉开距离的能力。这种能力在战争中遭到摧毁，等到重现之时，长期存活的独裁政权又让它尤为艰难。审查阻止了清晰直接地用书面表达思想，最终致命地伤害到作家自身清晰思想脉络的形成。情感上的理想主义，"一厢情愿"，模棱两可的煽动，以希望之名的模糊不清的抗议，正义，人民，友爱……审查放过它们是因为不理解其含义，又或者，是因为太清楚它们的含义令人困惑——有万千种解释方式，甚至可以用佛朗哥主义来解释——因而对许多作家的精神和作品有致命功效。梅特伊侯爵夫人说过："相信我，子爵，

---

[1] 指的是让外籍球员更换国籍加入本国国家队。

可有可无的本事,很少人会学到手的。"[1]

从1956年到1959年,当佛朗哥政权看似已进入最终瓦解期时,我们这些年轻作家中最警觉的一批经常半开玩笑地说,等佛朗哥消失的那天,我们就要面对一个大问题了。佛朗哥没有消失,但问题还是来了,而且和我们当时所能想象的形式都不一样。因为,濒临消失的其实是原本还能允许我们体认以下事实的条件:我们的同胞大众经历着压迫、悲惨和无依无靠的不确定性,而大部分西班牙作家是在这样的大背景之下经历着压迫、感到失去价值和无依无靠的孤独。现在我们越来越难以将自身的沮丧视为整个国家低迷的象征。我们被国家的发展遗弃了,我们这些作家发现在自己身处的社会里,战后初年的困境与工业、经济增长带来的弊端共同存在,却完全没有展现出发达资本主义社会通常拥有的魅力——最主要的,例如言论自由。

因为,佛朗哥政权在其他领域已经展现出卓著的同化能力,而在言论自由方面则恪守一个没有挽回余地的界限:言论自由不可避免地会触发大家自由地审视该政权对其自身、对其自身的缘起和目标的解读。在文艺、思想和新闻领域,佛朗哥的"新政"不过是为了寻求"不在场证

---

[1] 引自法国作家拉克洛《危险的关系》(*Les liaisons dangereuses*) 第八十一封信,中译采用郑永慧译,译林出版社,2002年,第224页。

明"的一种算得上灵敏的诡计。得益于伟大的新任信息部长曼努埃尔·弗拉加声名远扬的勤勉努力,我们西班牙人能够接收到的额外信息基本仅限于:更精确的索菲亚·罗兰(Sophia Loren)的臀围数据,或者,西班牙影院近期上映的电影提供了证据证明的,在外国一个男人和一个女人可以没结婚就上很多次床,而且这个女人还不是妓女(这一点,沿海岸线的旅游胜地上绝大多数青少年都已经心满意足地特地验证过了)。

> 清醒的脑瓜,伟大的文化
> 肉体的爽哈哈
> 从来不会被审查
> 堂·曼努埃尔·弗拉加

或者像民谣里同样严格押着全韵唱的:"弗拉加,弗拉加,一直管你到裤衩。"他比已故的前任阿里亚斯-萨尔加多(Arias-Salgado)要聪明得多,哪怕这种聪明粗俗不堪。萨尔加多在政治上更富野心(虽然他几乎所有的野心都是虚荣心作祟),而在控制思想言论自由方面,方法较为简单粗暴,就是让异见声音都闭嘴,不做多想。弗拉加却致力于诱导异见人士说出对自己政治意图有利的话(他的意图不完全是佛朗哥的意图,毕竟这个年轻人还抱着在佛朗哥死后继续仕途的希望），诱导不成，就消灭他们。事实上，在他上任两年以来，我们许多作家都开始想念他的前任了。萨尔加多虽然粗暴、没耐心，但是本质上没这么危险，而且还惹人发笑。因为他简直是个令人难以置信的鬼影，他的想法在西班牙之外没有哪个人能明白，除了在这个时代的这个西班牙，在哪个别的国家都不可能实现。只有猴子和修女生出来的笨蛋才能想出类似这位可悲的前信息部长所设想出的世界。那时候看到是这么一个人在代表佛朗哥政权的文化政治，是一件多么令人放心的事情啊！

现有形势迫使西班牙的文学全景一片灰寂、死气沉沉。有些作家继续着对现实的蔑视，令人难堪地坚信自己在为正义的事业而战，所以他们的写作还在原地踏步[1]。这些作家的诗歌、小说和散文（审查机制早在多年以前就成功销毁了任何有活力的、独立戏剧的存活机会）罹患被何塞·安赫尔·巴伦特（José Ángel Valente）称为"主题形式主义"的毛病，不过是做做仪式感，是他们身为有经世抱负的作家，想要驱除折磨自己良知的魔鬼。另一些作

---

[1] 当时社会题材文学创作作为同一化标杆已经有损整体文学发展。占据主导的老资历作家在战后初期的惶恐不安中担起反抗独裁的责任，却在此后逐渐建立起诗学"独裁"。道德与意识形态的立场成为评判诗歌价值的唯一标准，关闭了发展更复杂诗学的远景，年轻诗人如果占住正确的立场，仅凭所传递信息激动人心的程度和用词的可交流性也可崭露头角，追求诗歌技艺与思考深度的脚步因此放缓直至停滞。

随笔 西班牙来信——1965年开年之际,我们的文学还在旧年夜

家则为了能够写作,或者说,为了写出来的东西不在形式和内容上都残缺不全、隐晦不明,而忙于领会和忍受新的局面。不过,最近十五年里以不同标签和特色之名占据主导地位的社会文学风潮,很快就要受到并不妥协于此的写作者的挑战。在更年轻的一代诗人[1]当中,这样的运动已经开始成形。

1964年最重大的事件是一场悲剧的发生:作家、精神科医师路易斯·马丁-桑托斯(Luis Martín-Santos)遭遇车祸身亡。虽然他对词语节奏并没有太灵敏的听觉,也很少成功地让印刷文字起舞,却有相当可观的文学天赋,是这一代以文学为业的青年人里最有智慧、学养,对自己的思想和所从事的工作也把握得最为得当的一位。而且,他还拥有在西班牙人身上很罕见的两个特质:严肃和幽默感。他的第一本也是唯一一本小说《沉默的时代》(*Tiempo de silencio*)[2]是战后出现的极少数几本有价值的小说作品之一,另外两部是卡米洛·何塞·塞拉(Camilo José Cela)的《蜂巢》(*La colmena*)和拉斐尔·桑切斯·费洛西奥(Rafael Sánchez Ferlosio)的《哈拉玛河》(*El Jarama*)。这三本书以各自不同的方式展现了1940年至1955年间的马德

---

[1] 指的是包括本文作者以及文中提到的巴伦特等人在内的"世纪中一代"。
[2] 该书中文版已于2024年1月出版。

里和西班牙值得铭记的图景。

想到这三本书的作者如今的迷途让人觉得很低落：马丁-桑托斯死了；桑切斯·费洛西奥自发地远离了文学创作——因为虚无主义，也因为非常西班牙式的对厌倦和自我厌倦的渴望；而三人中年纪最长的塞拉，变成了他已经写好的作品的推销员。除此之外，实在没什么值得阅读的小说。或许路易斯·戈伊蒂索洛（Luis Goytisolo）的《郊外》（*Las afueras*）还可以。不过倒是的确还有一位不错的作家，让人读起来总是很愉悦，而且他永远不会给人不快的惊吓，当然了，也给不出什么惊喜，那就是米格尔·德利韦斯（Miguel Delibes）。要是西班牙作家都会唱歌剧，能被组织起来演一出《唐璜》的话，德利韦斯毫无疑问——有时候我自问这是不是有点不公平——应该扮演奥塔维奥，既不耀眼，也不诱人，还不活跃，但是正直勇敢，最后迎娶了安娜。这个名字又让我想起了安娜·玛丽亚·马图特（Ana María Matute），她会是一位动人的艾尔维拉。

恐惧　　与希望　　同时消失

/ 海梅·吉尔·德·别德

III 诗 歌

247 看青芒从树上掉下来

何小竹

看青芒从树上掉下来

撰文 何小竹

远视

除了老花镜

我还有放大镜

一切能够让文字变得清晰的工具

我都愿意尝试

比如望远镜

致友人

他决定以致友人为题

写一组短小说

比如已想好的一篇

致某某,你28日的安排

让我充满遐想

时间漫长而生命短暂

有点麻烦是值得的

这是开场白,至于故事的展开

他打算从27号晚上开始

切入点就是

他问她,房间里可以抽烟吗

敌人

他以为自己已经

没有了厌恶和仇恨

一度陷入恐慌

今天发现

他还有那么多敌人

便放下心来

继续做一个温和的人

看青芒从树上掉下来

怅然若失

我也是

看青芒从树上掉下来

想抱住

又不敢

油醪糟

自己做的油醪糟

做好后放进了橱柜

晚上睡不着

想去看看浮在醪糟上面的油

是否已冷却和凝固

揭开盖子的瞬间

一股香气扑面而来

像极了

夜晚的红玫瑰

一棵树

我回头去看那棵树

又退回去摸了它一下

只是因为我曾经在这棵树下

躲过雨

今天

他无比愤怒

因愤怒而说个不停

把手上的烟

茶杯,桌上的眼镜

统统变成了

愤怒的烟

愤怒的茶杯

愤怒的眼镜

他愤怒有因

我也只能

以愤怒

去理解他的

愤怒

最近打碎两只碗

一次是左手端着

从饭厅进厨房

手臂在门框上碰了一下

碗掉地上了

另一次也是从饭厅进厨房

端着一只从冰箱里

拿出来的碗(里面是昨天的剩饭)

边走边想撕开碗上的保鲜膜

那碗自己就掉地上了

这现象怎么解释呢

她说,有什么好解释的

以后想做什么的时候

把碗放到桌子上

再做

镜子

镜子运过大街

现在,它到了我的住地

当我打开家门的时候

我看见了,我

正在打开家门

火花

他说,来,我们碰一下

看能碰出什么火花

我们喝茶,抽烟,搜索枯肠

一个下午的时间过去了

期待中的火花却始终没有出现

反而是,有天黄昏,我在东大街过马路

被一个陌生人撞了一下

猝不及防,一束火花腾空而起

好漂亮的火花,既像蒲公英

又像萤火虫

着急

你还是着急了点,我说
你站在原地,风自然会来
我们有次提前准备了很多东西
结果雨没下下来,东西
倒成了负担
而且着急暴露了你其实并不是那么舒服
苦,在内心,卑微
过去有金榜题名,目标明确
现在山头林立,满河是滩
哪里都是风口,哪里也都不是
看,一粒饭粘在你的脸上
别吃那么快,快没意义

十个梦

十个人,一个人做一个梦,就是十个梦。我们要演一部剧,剧名就叫十个梦。我们找来了十个人,让他们忘掉自己的年龄、性别和身份,我们给他们剧本,让他们进入新的角色,然后按这个角色的规定,做自己的梦。A说,他梦见了一头猪。然后呢?然后猪跑了,我就醒了。B说,他梦见了一只拖把,而他本来是想梦见月亮的。C说,他梦见自己到了纽约,在时代广场捡垃圾。捡的什么垃圾?不记得了,警察来了,我就醒了。D说,我梦见我吃了十个鸡蛋。在哪里吃的?在河边。为什么是在河边?因为河边有鸡。E说,我是做了梦的,但醒来就忘了,怎么办?你编一个吧。梦也能编?能,想象你此刻就在梦中,你看见了什么?我看见了十个人。十个什么人?九个演员,一个导演。他们长什么样?胖子,胖子,胖子,胖子,胖子,胖子,胖子,胖子,胖子,加一个瘦子。他们在做什么?在说自己做的梦。说完了吗?没有。该谁了?F。好,F,你接着说。F说,我梦见我在跟人做爱。是男人还是女人?女人。你自己是男人还是女人?男人。你不是已经忘掉自己的性别了吗?F不说话。是没忘掉?F突然站起来,指着大家说,我敢保证他们跟我一样,都没忘掉。你拿什么证明？F无言以对，重新坐了下来。你的梦违背了规则，无效，你也编一个吧。怎么编？像刚才E那样编，想象自己正在梦中，你看见了什么？我看见了十个人。十个什么人？九个演员一个导演。他们长什么样？我不知道。为什么？我看不见，因为我是盲人。导演一下火冒三丈，摔了手中的剧本，对着场外吼道，副导演，你他妈的眼瞎了吗，找了一个盲人来充数？场外一个声音胆怯地说，对不起，真没看出他是一个盲人。冷场。导演在台上来回踱步，好一会儿才平静下来。他从地上捡起剧本，看了看，对F说，你看不见，可以用手摸，你去摸摸他们，然后描述出他们长什么样。F便站起来，一个一个地去摸，摸他们的脸，摸他们的身体。摸完了，他回到自己的座位上。现在你能说出他们长什么样了吗？胖子，胖子，胖子，胖子，胖子，胖子，胖子，胖子，胖子，加一个瘦子。他们在做什么？在说自己做的梦。现在是谁在说自己的梦？是我。你是谁？一个胖子。很好，下一个，G。G说，我梦见我的妈妈了。你妈妈在做什么？她在哭。为什么哭？因为她的儿子死了。他的儿子是谁？是我。导演面无表情地看着G，沉默，冷场。下一个，H。H说，我梦见了九个胖子加一个瘦子，他们坐在一起在说自己做的梦。很好，下一个，I。I说，我梦见了九个胖子加一个瘦子,他们坐在一起说自己做的梦。最后一个,J。这时,所有人都一反常态,全部将目光集中到了J的身上。J看了看大家,感到十分紧张,甚至恐惧,我,我,我,说了三个我都说不下去。难道你也记不得你做的梦了吗?我,我,我没有做梦,我一直睡不着,我失眠,长期的。你是在编造谎言,你拒绝做梦,是吗?我说的是实话,你看,这是我的安眠药,但药越吃越多,已经不管用了。导演看了看场外,又想发作,但忍住了。他拿着卷成筒状的剧本指了指J,那你也编一个吧。J说,我没编,我说的都是实话。导演怒吼道,我让你像他们一样,编一个你的梦。J看了看大家,战战兢兢地站起来,走到舞台中央,用胆怯的声调说,我,我,做了一个梦,梦见九个胖子加一个瘦子,他们坐在一起,在说,说,自己做的一个梦。静场片刻,灯光渐暗,直至全黑。OK。导演大喊一声,灯光重新照亮舞台。导演冲到舞台中央,与J紧紧地拥抱了一下,然后对大家宣布,在大家的共同努力下,十个梦圆满完成,鼓掌。于是,大家一起跟着导演鼓掌,音乐响起,大家边鼓掌,边走到台前,向观众谢幕。全体观众起立,爆发出长久的雷鸣般的掌声。

△ TRAVELS

003　Cities of Rust

Qian Jianan

069　Small-town Texas Youth

Lu Changting

137　Diary from the Balkan Countryside

Bai Lin

165　Srebrenica's Long Shadow

Liu Zichao

199　Whirlpool in the Courtyard:

the Story behind the Documentary *Out of Place*

Chen Baiqi　Chen Jianhang

ESSAY

231   Letter from Spain, or, It was New Year's Eve in Our Literature at the Start of 1965

Jaime Gil de Biedma

POETRY

247   Watching Green Mangoes Drop from the Tree

He Xiaozhu

撰稿人

钱佳楠，中英双语写作者，译者，出版有《有些未来我不想去》《不吃鸡蛋的人》等作品，英语作品散见于《洛杉矶时报》(*Los Angeles Times*)、《格兰塔》(*Granta*)、*The Millions*等。现为南加州大学创意写作与文学专业博士候选人。

卢昌婷，一个讲故事的人。毕业于加州艺术学院戏剧系，曾在洛杉矶生活五年，在疫情期间独自开车环游美国。她的英文剧作曾在好莱坞艺穗节演出，中文作品包括《三体·引力之外》沉浸式科幻体验。此外，她也写小说。

柏琳，作家，独立记者，北京外国语大学巴尔干研究中心特聘兼职研究员。作品常见于《读书》《单读》《T Magazine》《花城》等。主要进行文学深度访谈和巴尔干半岛历史文化研究与写作。著有《双重时间：与西方文学的对话》《边界的诱惑：寻找南斯拉夫》。

刘子超，毕业于北京大学中文系，曾任职于《南方人物周刊》《GQ智族》。出版作品《午夜降临前抵达》《沿着季风的方向》《失落的卫星》，另译有《惊异之城》《流动的盛宴》《漫长的告别》。2019年，中亚纪实长文获评"全球真实故事奖"特别关注作品；2021年，被评为"单向街书店文学奖·年度青年作家"。

陈柏麒，1991年出生于广东澄海，是一名游荡于亚洲南方的写作者、研究者和策动者。他先后毕业于香港浸会大学和芝加哥艺术学院，获艺术史和艺术行政双硕士学位，目前为皇家艺术学院博士候选人，从事建筑人类学和建筑电影研究，其中影像是其研究的核心方法和主要成果。作为策展人，他曾供职于香港艺术节、芝加哥美术馆和华侨城当代艺术中心等，策划和负责过多个影像展览或电影课题研究。他也始终致力于推动潮汕和周边南方地带的母语电影实践，他与好友于2015年共同创办了展示海内外潮汕电影的"观潮影展"，并作为内容负责人逐步搭建了"制片—展映—归档"的机构生产框架；2024年他成立了电影制作厂牌"家话电影"，试图进一步理解和挖掘影像创作在当代生产关系中的诸多可能。

陈坚杭，籍贯广东潮安，出生及成长于韩江三角洲这个"边缘"地区，独立电影创作者，艺术教育工作者。他的影像时常模糊纪实与虚构的边界，关注生活在原乡与离散于世界各地的潮州人，特别是他们的居住空间与精神信仰。

海梅·吉尔·德·别德马（Jaime Gil de Biedma，1929—1990），西班牙诗人，评论家，"世纪中一代"（Generación del medio siglo; Grupo de los 1950）作家群体核心成员。去世前曾由"二七年一代"大师拉斐尔·阿尔贝蒂（Rafael Alberti）提名为该年度塞万提斯文学奖的两位终选候选人之一。

汪天艾，西班牙语文学编辑，译者。译有塞尔努达、皮扎尼克、洛尔迦的作品数种。另著有《路易斯·塞尔努达诗歌批评本》和《自我的幻觉术》。

何小竹，男，1963年生。诗人，小说家。出版有诗集《6个动词，或苹果》《时间表：2001—2022》，小说集《动物园》，长篇小说《潘金莲回忆录》等。曾获第五届"橡皮文学奖"。公众号"两只打火机"主理人。现居成都。

在以下书店，你可以买到《单读》

北京

AGORA 阿果拉书店
刺鱼书店
单向空间·郎园 Station 店
单向空间·檀谷店
Jetlag Books
建投书局
可能有书
库布里克书店
码字人书店
梦办 OneiroSpace
三联韬奋书店
书生自助阅读空间
SKP RENDEZ-VOUS
万圣书园
中信书店

本溪

门洞里书店

成都

读本屋
方所书店
浮于野书店
三联韬奋书店
文轩 BOOKS 高新店
无早书店
小小小一点 BOOK
轩客会书店
寻麓书馆
野狗商店 DOOGHOOD BOOKS
一苇书坊

重庆

刀锋书酒馆
精典书店
匿名书店
小悟循环书店
飮火書店

长沙

阿克梅书店
回望书店
几何书店
镜中书店

大理

海豚阿德书店

东营

识光书店
一般现在时书店

敦煌

知鹬书店

佛山

单向空间·顺德 ALSO 店
先行书店
阅见书店

福州

Clear Books

广州

1200bookshop
方所书店
留燈书店
唐宁书店
学而优书店

桂林

刀锋书店
宛照书店
野山书店

贵阳

酒三多书店
暄风书店

贵港

普通书店
一稚书馆

哈尔滨

雪山书集
众创书局

杭州

代达罗斯书咖
单向空间·杭州乐堤港店
单向空间·良渚大谷仓店
会饮书店
火上书店
牡蛎书店
乌托邦书店

邯郸

人间食粮书店

济南

阡陌书店

昆明

庇护所书店
芦苇书屋
璞玉书店
橡皮书店

南昌

陆上书店

南京

拱廊计划·文化俱乐部
锦创书城
朴阅书店
先锋书店

南充

悦时光书店

南通

草木书店

宁波

地下书房
南方书店
左岸和城市之光书店

泉州

赤子空间
芥子书屋
鸟岸书店

秦皇岛

单向空间·阿那亚店

青岛

方所书店

曲靖

玖柒書店

上海

朵云书院
foo'mart 東西公园
开闭开诗歌书店
乐开书店
泡芙云书店
思南书局
上海上生新所 茑屋书店
未来书店
幸福集荟·黑石

深圳

方所书店
Half Bookstore
内山书店

沈阳

玖伍文化城

苏州

诚品书店
九分之一书店
慢书房

唐山

清凉艺文咖啡书店

天津

内山书店
桑丘书店
一書书店

潍坊

大风书店

无锡

半两书店
瑾槐书堂

乌鲁木齐

左边右边书店

武汉

诚与真书店
鹅社书店艺术馆
极乐玫瑰书社
惊奇书店
境自在书店
跳星星书店
卓尔书店
在这咖啡

厦门

串门乡村杂志舍
小渔岛书店
一只耳 Art&Books

咸宁

佩索阿书店

湘潭

好语录的安慰

烟台

理想书店

玉林

a room of one's own 书店

郑州

目录书店
野狗商店 DOOGHOOD BOOKS

舟山

非岛书局

珠海

书笙书店
无界书店

德国汉堡

卜卜书斋

法国巴黎

八梨空间

荷兰鹿特丹

野渡书店

日本东京

单向街书店·东京银座店

新加坡

The Zall Bookstore

英国伦敦

光华书店

* 欢迎更多书店与单读合作，敬请联系 dandu@owspace.com

图书在版编目（CIP）数据

单读.38,第三次启程 / 吴琦主编. -- 上海：上海文艺出版社,2024
ISBN 978-7-5321-9033-1
Ⅰ.①单… Ⅱ.①吴… Ⅲ.①社会科学－文集 Ⅳ.①C53
中国国家版本馆CIP数据核字(2024)第100705号

发 行 人：毕　胜
责任编辑：肖海鸥
特约编辑：何珊珊　罗丹妮
书籍设计：李政坷
内文制作：李俊红　李政坷

书　　名：单读.38,第三次启程
主　　编：吴　琦
出　　版：上海世纪出版集团　　上海文艺出版社
地　　址：上海市闵行区号景路159弄A座2楼 201101
发　　行：上海文艺出版社发行中心
　　　　　上海市闵行区号景路159弄A座2楼206室 201101　www.ewen.co
印　　刷：山东临沂新华印刷物流集团有限责任公司
开　　本：1092×787 1/32
印　　张：8.125
插　　页：93
字　　数：188,000
印　　次：2024年6月第1版　2024年6月第1次印刷
Ｉ Ｓ Ｂ Ｎ：978-7-5321-9033-1/I.7109
定　　价：75.00元
告 读 者：如发现本书有质量问题请与印刷厂质量科联系　T:0539-2925888